日本の未来を切り拓く25の処方箋

心と文化が導くグローバルリーダーへの道

釣島 平三郎 著

芙蓉書房出版

プロローグ　うやむやになっているコロナの発生原因

コロナの発生原因とは

２０２０年の初頭からパンデミックのコロナ禍は世界中の人々に大きな恐怖を与えたものだ。日本では２０２３年５月に緊急事態宣言を解除したとはいえまだ完全には終息されているとは言えないところもあり、心配な部分もある。

その間の罹災者数は世界人口の約１割（７億人）を超え、日本でも人口の約３割近い３５００万人が罹災し、死者数も全世界で約７００万人にも達した。

私も、はからずもコロナに罹災したものの軽症に終わった。大変残念なことに、親友や元の会社の日米での元部下が罹災し、命を落としたことは痛恨の極みである。経済的な損失はＩＭＦの予想で２０２４年現在12兆５０００万ドルになると算定している。

このように、世界中にパンデミックとして大惨禍をもたらしたコロナの発生原因について、中国の武漢、あるいはアメリカ起源という人たちもいる。真の原因はうやむやになっているが、これでよいのだろうか？　このままにしておくと、これからこのような大惨禍が頻繁に再発しても防止できず、人類にとってまた大きな苦難がまた起こりはしないかと思う。

歴史的にみて、人類は今まで何回もパンデミック（世界的な病気の流行）を経験しているが、まずそれをレビューしてみよう。

記憶に残る大きなパンデミックは、13〜14世紀のヨーロッパ中心のペストの流行である。これは13世紀に元朝時代の中国で発生したものが、モンゴルのヨーロッパ遠征やシルクロードの盛んな交易によりヨーロッパに伝播したもので、人間が広く国境を越えて移動することで招来するものであった。

20世紀以降も、1920年スペイン風邪、1958年アジア風邪、1969年香港風邪、1981年エイズ、2002年SARSとパンデミックは頻発した。

もともとパンデミックといわれる災禍の原因は、病原のウイルスが動物を媒介して人類に伝染したものである。ウイルスは最近まで検知できなかった非常に微細な微生物であるが、20万年前に人類（ホモサピエンス）が登場するはるか以前の約30億年前から地球上に存在していた。人体に多く寄生し、人の生態の活動を助け、人間と多くのウイルスは共生してきた。

ウイルスには善玉菌と悪玉菌がある。多くのウイルスは善玉菌で、人間に好影響を与えるものであるが、今回のコロナウイルスのような悪玉菌もあり、これがコウモリなどの動物を媒介して人間に伝染するのである。

コロナは人類に対する自然の反発

それでは今回のコロナ禍のパンデミックがどのようにして起きたのか、一つの仮説を紹介してみたい。

20世紀半ば以降は、「人新世《ひとしんせい》時代」と呼ばれ、工業化や核実験などが本格化し、地球の環境がこの時に大いに変化したといわれている。この「人新生」は斎藤幸平（東京大学大学院総合文化研究科准教授）の著書『人新生の資本論』がベストセラーになったことで知られるようになったが、彼は左翼のマルクス主義経済学者であり、多方面からこの学説には反論がある。しかし、昨今の地球環境の異変からみて、彼の主張に耳を傾けることも必要と思う。

国際学会の論争では、「人新世時代」を否定している人もいるそうだが、人新世時代とは、人類が活発な活動により地球環境を破壊し、人類以外の生物が虐待され、死滅し、地球環境を変えてしまった時代である。例えば、戦後プラスチック、アスファルト、レンガなどの廃棄物などが急増し、直近では東京での一日の食べ残しにより50万人分の食料が廃棄されている。加えて、地球温暖化、森林破壊、工業化による公害垂れ流しなどにより、地球環境が悪化する結果になった。最終的に人類という生物だけが繁栄し、その他の生物は恐竜時代には１０００

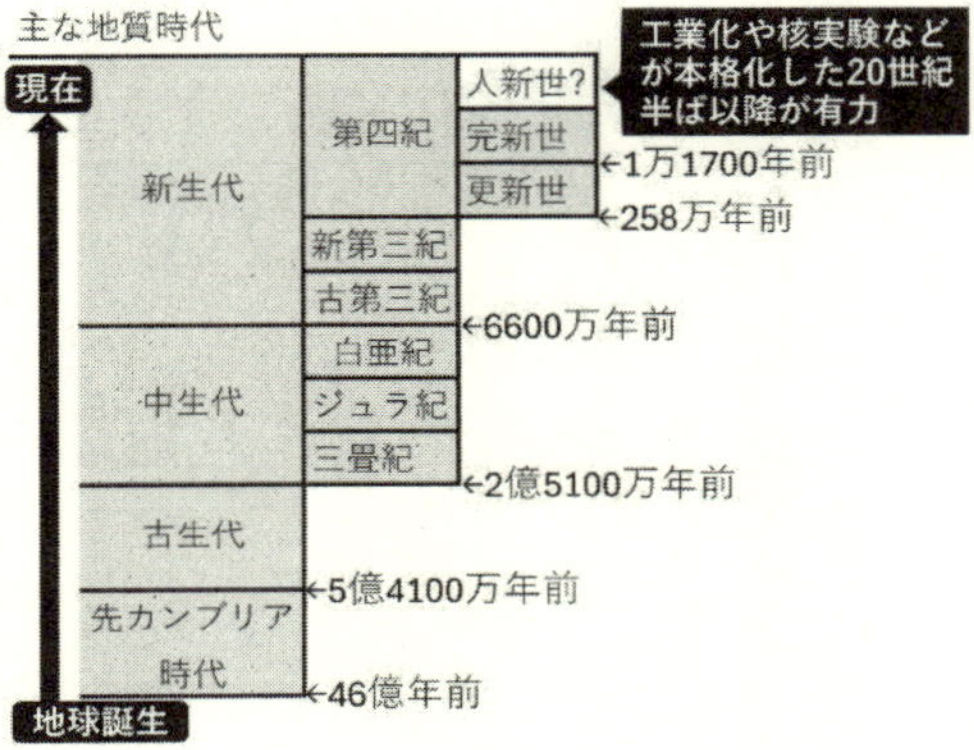

読売新聞　2024年7月29日記事より作成

年に一種絶滅したものが、現在では13秒に一種を絶滅させるほど地球環境を破壊してしまっている。

このような事態からみて、動植物や微生物などの環境を人類が破壊してしまい、彼らが人類に対して反発したことがコロナの発生に結び付いたと言われている（村上和雄・元筑波大学名誉教授『コロナの暗号』幻冬舎）。

以上に述べたのは、「人新生説」に基づくCO2の増加による人類の環境破壊で地球温暖化がおきているという学説であるが、最近これに対する反論が話題になっている。それは10万年ごとに寒冷期と温暖化が到来するというセルビアの地球物理学者ミランコビチが1910年代〜1940年代に提唱した地球の気候変動のサイクルのことである。その原因は①10万年周期で起こる地球の太陽への公転軌道の変化、②約4万年周期で起こる地球の自転軸の傾きの変化、③約2・6万年周期で起こる地球の自転軸の歳差運動（地球のこま回転軸がその傾きを一定に保ったまま、方向を変えていく運動）の変化によると主張している。この変動により、①大気温の上昇、②紫外線、赤外線の変化、③放射熱と反射熱、④海流の変化が顕著になった。海流の変化では過去1年間海水温が史上最高を更新し続けており、日本近海でも2023年までの100年間で年平均1・28℃（年平均0・61℃）上昇した。それで海洋貯熱量（海に取り込まれる熱量）の増加速度は1993年以降、それ以前の10年に比べ2・6倍になり、これが陸上大気も上昇させ、大雨や台風の発生増など気候の変化を起こしたり、感染病の発生など地球の熱帯化の大きな原因になった。

以上により近年地球の熱帯化が進んだ。この変化を深刻にとらえた米国政府は、従来の温室効果ガス対策ではなく、地球熱帯化に対して2024年8月19日に「National Heat Strategy 2024―2030」を発行した（https://cpo.noaa.gov/wpcontent/upload/2024/07/National_Heat_Starategy-2024-2030.pdf）。この政策の骨子は、①今後数十年米国の猛暑が頻繁に起こることが予想される、②熱中症の死亡者や疾病が過去4年間増加しており、その対策と準備が必要である、③猛暑の対応は政府や民間機関が協力、共同して対応する必要がある、④猛暑に強い国を築き、健康の改善や国家の繁栄を進める。以上の米国政府の新しい政策をよく吟味し、最近猛暑が続く日本では真剣にその対策を早急に検討する必要を感ずる。

地球温暖化の問題と戦争による環境破壊

人類の歴史において、産業革命以来の工業化の急速な進展により、多量のＣＯ２が排出され、温室効果をもたらし、地球温暖化に結び付いている。

例えば２０２３年の夏は異常な猛暑で、世界気象機関（ＷＭＯ）は、「7月は観測史上最高の気温を記録し、12万年ぶりの暑さとなった」と指摘していた。地球の各所に猛烈な熱波が襲来し、アメリカのデスバレーでは54℃、中国の新疆でも52℃を記録した。日本でも、私がアメリカからの友人を新大阪駅に出迎えに行ったとき、野外の電光掲示板は40℃を示しており驚いたものだ。その他、南極でもプラス８・７℃を記録し、氷が溶け大量のペンギンが死滅したそうだ。人間でも40～50℃になると体に不調をきたす人も出てくる。ヨーロッパでは熱波で6万人が死亡したそうだ。

私は当時ハワイに家族旅行中だったが、マウイ島で山火事があり、私たちが訪問したハワイ島やオアフ島でも交通や宿泊で大きな影響を受けた。カリフォルニアやカナダでも山火事が頻発し、作物の収穫に大きな被害があった。「ポイント・オブ・ノーリターン」と言って、温度が限界点を超えると元には戻れなくなるという話もあり、心配である。

このような最近の地球環境の変化が人間の健康に及ぼすメカニズムを探求する「プラネタリー・ヘルス」が注目されてきた。それは人間の活動が地球環境の変化に及ぼす影響により、人間のヘルスケアー・セクターが担うべき役割も重要になってきているということである。政府や大学、民間のセクターでもこのプラネタリー・ヘルスの研究や対策活動に関わる団体が多くみられるようになってきた。

その他、人類による最大の環境破壊は戦争である。現在ウクライナ戦争とイスラエル戦争が人類に大きな被害を与えている。ウクライナ戦争をみても、ロシア・ウクライナ両軍の死傷者は数十万人に及び、ウクライナでは一般人の死者が数万人もある。さらに多数のウクライナの子供がロシアに拉致されるなど多くの戦争犯罪が繰り返されている。

日本は今のところ、このような戦争とは無関係に平和を保っていられることは大変有難いと思う。それでも我が家では、少しウクライナ戦争に関係した。２０２２年ウクライナ戦争が勃発したとき、私の次男はアメリカ国籍があり、アメリカ大使館が設立したロシアのアメリカンスクールの教師をしていた。彼は米国ロシア大使館のテクニカルスタッフの資格でロシアに駐在していたが、戦争勃発後の3月、米国政府から即刻国外避難の指令が出された。モスクワからアメリカや日本への空路が遮断されていたため、すべての私財をロシアに残し、トルコ→オランダ経由でノルウェーに避難した。息子の学校の教員全員が解雇され、サンクトペテルブルグ校に続き、モスクワ校も廃校になった。次男は非常にラッキーにもロンドン校に職を得ることができたが、半数の教員はその時点で失職したそうだ。

5月頃、息子は、ほかの荷物は諦めるとしても、表彰メダルなどの代えがたい記念物を何とかしたいと思い、モスクワに出かけた。入国の検問ではボトルの水を飲むことも許されず2時間も尋問を受けたが、何とか入国でき家財を取り戻すことができた。しかし、彼の同僚の教師は、アメリカでは現在40州もの州で医療用と認められ合法となっているマリファナを持参していたため禁固14年の判決を受け、ロシアの刑務所に収監された。彼には家族もいるので解放の署名運動を行い、私も参加したものの、解放はとても難しそうだ。同様な事件で、アメリカの女子プロバスケットボール選手が禁固9年の判決を受けロシアに収監され、大きな外交問題になった。ブリンケン国務長官が必死に外交交渉し、最終的には米ロの収監者相互交換で何とか彼女は解放されたが、ロシアという国は実に難しい。

我々はパンデミックや戦争に備えて、ウイルスは撲滅するより共生することをまず主題にすべきだと思う。それに環境破壊に対して人類はＳＤＧｓやＥＳＧ投資、公益資本主義などの環境保護に早急に真剣に取り組むべきであると思う。ＥＳＧ投資とは環境・社会・ガバナンスの3要素から投資先の企業を評価して資産運用を行う手法である。

以上のように、コロナや戦争による世界全体の災禍は計りしれないが、微視的にみて、アメリカの経済や政治の影響は日本にとって極めて大きい。現在、２０２４年の大統領選挙で共和党（トランプ）と民主党（ハリス）がしのぎを削っている。もしトランプが再選されるとどうなるだろうか？　彼はもともと不動産業者でＤｅａｌが得意な人である。ウクライナ戦争については仮にロシア有利であっても取引して終わらせると言っており、非常に心配である。またトランプは、ＮＡＴＯからの脱退も視野に入れていると言っているが、もしそうなれば世界は独裁主義の国と自由主義の国の分断、さらにアメリカと欧州の間でも分断される可能性があり、自由主義国の結束が心配される。

日本はもともと軍事や経済的にもアメリカに頼ってきたが、これからは共和党が勝とうが、民主党が勝とうが、アメリカにあまり頼れなくなり、独自の路線を展開していく必要がある。外交面でみると、日本はアジアの代表であり、中国と対抗してＴＰＰのような日本主体の外交を展開する必要があると思う。一般的に、経済と政治の関係はまず経済が繁栄してから政治的な地位も有利になってくるものである。日本は凋落している経済を立て直すことが重要である。

このような最近の世界情勢だけでなく、身近な地域に目を向けてみると、コロナ禍により、私の家の近くの商店街でもシャッターを下ろす店が増え、廃業した会社も多くみられる。このように日本経済にも大きな影響を与えてしまった。今後、日本の針路をどうあるべきか以下の本論で考察してみたい。

目次

第3章　日米の識者に聞く日本の教育改革

第4章 これからの日本経済復活に向けて

第5章　日本経済復活のカギは文化戦略だ！

第6章　識者から見た日本の復活への本質的なコメント

第1章

◉

危機に立つ国家日本

1．失われた30年

２０１０年に世界のＧＤＰランキングで日本は中国に抜かれ3位になったが、その後13年なんとかこの地位をなんとか保ってきた。２０２３年についにドイツに抜かれ4位になってしまった。さらに近々インドにも抜かれ5位に脱落しそうで誠に残念である。

ジャパンアズＮｏ・１と言われた１９８０年の頃と比較するのは滑稽に思うが、１９８９年には世界の企業の時価総額ランキングでトヨタなどの日本企業がトップ50社中32社を占めていた。当時は藤原道長ではないが、まさに「この世をわが日本とおもうぞ、望月の欠けたることがなかった」。しかし２０２３年では日

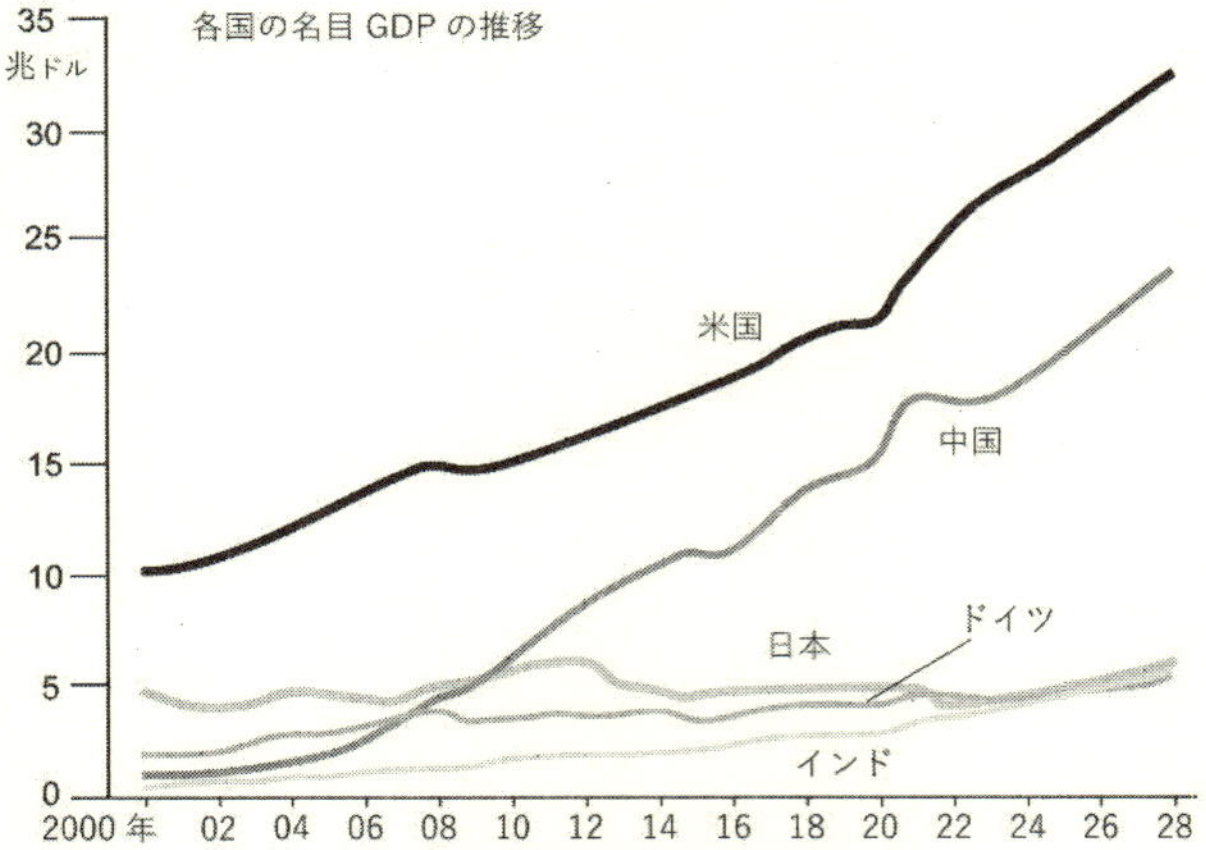

（産経新聞　2023年11月23日記事）

表１　日米中のGDPの比較

	1990年	2023年	2023/1990
日本	3,196	4,230	1.3倍
米国	5,963	26.900	4.7
中国	396	17.880	45.1

単位　10億USドル

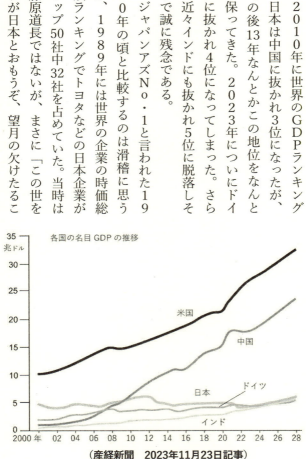

本代表のトヨタがなんと52位にランクされるほどにまで、日本の地位は低下してしまった。まさに隔世の感があり、誠に残念に思う。

特に中国のGDPの伸びは著しく、近年の日米中のGDPの比較は表1の通りである。

このような日本の経済的な地位の低下は、表2のように基幹産業の業績、賃金や消費までダウンしてしまったことだ。

特に新しい経済の活性化に重要な役割を果たすベンチャー投資額やユニコーン企業（創業10年以内、評価額10億ドル以上企業）の2023年の新規開業社数をみても、日本は決定的に米中に遅れをとっている（表3）。

「失われた30年」の日本の経済的地位の低下は目を覆いたくなるが、どうしてこのようになったか、その理由や反省が不十分であり、その原因をしっかり解明する必要があると思う。

私の見るところでは「失われた30年」とは1990年のバブル崩壊が大きなスタートであるが、バブルを拙速かつ強制的に日銀がストップさせたことが躓きの最初であった。

その後、日本中が長い間不良債権処理に追われ、積極的に産業へ

表2　日本の2000年と2020年の主要産業と経済指標の比較

鉄鋼	21.9%ダウン
化学（エチレン）	22%ダウン
一次産業	21.9%ダウン
全国消費	12.3%ダウン
給与	12.3%ダウン

表3　日米中のベンチャー投資額とユニコーン数

	アメリカ	中国	日本
ベンチャー投資額	204,098億円	104,215億円	6,842億円
ユニコーン数	369社	138社	10社

の投資が行われなかったことで、新規の先端産業の創出ができず、他国に後れをとってしまった。それに加えて、２０１１年の東日本大震災は日本経済に想定外の大きなダメージを与え、現在でもその後遺症に悩んでいる。近年では、安倍元首相の出現により、日本の国際的地位が上昇したことは大いに評価できる。しかし彼の目玉政策であるアベノミクスについては成功とはいえないのでないかと思う。

アベノミクスの本質とは、異次元の金融緩和や財政支出により、企業の業績を改善し景気を良くする政策であった。銀行貸出残高をみても２０１０年の平均３９６兆円が、２０２２年には平均５１１兆円に達しており、政府予算も２０１０年４６４兆円が、２０２２年が６０６兆円に膨れ上がっていた。その結果、現在日本の株価が異常に上がり、ついに２０２４年初頭にはバブル期以上に日経平均が４万円を超え、その点では成功であった。

しかし、この株価上昇は投資家に喜ばれる反面、企業経営者にとっては、株主から業績の追及もされず経営が甘くなる側面もあった。ここでよく考えないといけないことは、経済には、汗水たらして物を作り産業を活発にする実物経済と、投資や金融の運営でお金を稼ぐ金融経済の二つがあることである。株価上昇などで金融経済が上昇しても、それは単に数字上のことで、世の中の富（製品、商品）などの実物は何も増えないし、新しいサービスを提供して世の中を便利にしたわけでもない。最近ではヘッジファンドやデリバティブで大儲けするアブク銭稼ぎが盛んになってきた。

アベノミクスでは、第一、第二の矢と言われた株価上昇などで金融経済面では成功したが、一方でモノやサービスを提供するために汗水たらして働き、その結果、多くの実物が社会に残される実物経済から見ると疑問点もある。日本人は、古来、モノづくりにコツコツと努力してきた国民であったが、第三の矢として産業の構造改革による経済成長までは手が回らず、２０２０年に６００兆円を目標としたＧＤＰも実績は５３８兆円に留まり、ＧＤＰの伸び率も目標値に届かず、日本の産業の発展は他国に後れを取ったように思う。以上「失われた30年」の悪い面のみ述べてみたが、現在の世界情勢で他国に比べて経済的には後れをとったといえ、日本には依然と素晴らしい面もある。それは近隣の国民生活に不自由を強いる独裁国家に比べて、日本は安全・安心の国として非常に住みやすい国であると言えることは間違いない。

しかし、一番問題なことは日本国民がこの快適さに甘えて「ゆでガエル現象」が招来してしまったことだ。日本人はこの安全・安心に安住し日本国民のチャレンジ精神を失っている。私も長年大学の教員に従事してきたが、危機感やチャレンジ精神を持ち、やる気旺盛な他国の若者に比べ、現在の日本の若者にはそうした気迫が失われているように見えるのが極めて残念である。

２．白頭鷲のアメリカ、龍の中国、サクラの日本

アメリカの１ドル紙幣の裏面には羽根を広げた白頭鷲が描かれている。これは白頭鷲がアメリカの国鳥としてあがめられているからで、白頭鷲ほどアメリカの国民気質を象徴しているものはない。

白頭鷲は鳥類の生態系のトップに君臨し、いつも大きい木の天辺に孤高に留まり下を眺めている。そして獲物を見つけると急降下して捕食する。まさに「強さ」を象徴する鳥である。

アメリカでは大統領、社長、頭取、総裁、各種団体の会長はすべて「プレジデント」の一語で呼称されている。プレジデントは、決断力、辛抱強さ、高潔な意思を備え、強いリーダーシップをもつ人たちで、群れずに孤高で行動する国鳥の白頭鷲に重ね合わせている。

現にアメリカの政界や実業界で活躍しているプレジデントは、強いリーダーシップで国をリードし成功を収めており、「調整」が重視される日本のリーダーとは異なるように見える。

一方中国では、「龍の伝人（龍の子孫）」といって、中華民族は龍の子孫であると自負している。それで陰陽学では皇帝は龍を象徴していると考え、皇帝の顔は竜顔と言って最高の富貴を表している。清王朝の全盛期には龍が国旗として使われていた。毛沢東、鄧小平、習近平などは、強いリーダーシップを発揮し、良くも悪くも伝統的な中国の皇帝に似せて龍の指導者を象徴している。14億人の人口と広大な国土をもち、近年の急速な経済発展をみると、中国はまさに巨龍の国である。

アメリカの白頭鷲にしろ、中国の龍にしろ、両国民が象徴と考えているのは強力なリーダーシップをもつ攻撃的な動物であった。それに対して日本の国民はその象徴としてどのようなイメージを持っているのだろうか。

江戸時代の国学の大家、本居宣長の有名な和歌がある。

「敷島の大和心と人問《ひとと》はば朝日に匂う山桜花」

敷島とは日本のことであり、大和心とは日本人の精神性を意味している。この和歌が意味するのは、一斉に咲くサクラは日本人の集団性を表し、一度に散るサクラは日本人に似た精神の清らかさを象徴している。

さらに、サクラのもつ艶めかしさや、一斉に散る清らかさは日本人の美意識にも合致している。源氏物語の、もののあわれや、万葉集の自然と一体となった日本人の精神性や感性（クオリア）はサクラに象徴されるものであり、欧米人や中国人の論理性を基調とする精神性とは対照的である。この日本人のサクラの感性は、キメ細かなところまで気遣いしたメイドイン・ジャパンの製品に生かされており、これが日本のモノづくりの素晴らしさを生み、世界から評価されてきたのであろう。

しかし、血で血を洗うような激しい競争社会で、ドッグイアーと言って犬の1年は人の7年に相当する（人の7倍速く進む）。最近のＩＴなどの時代の変化が犬の年齢のように7倍速く進むと言われる変化の激しい時代には、日本人のおとなしいサクラの国民性では徐々に後れをとり、次第に通用しなくなり、「失われた30年」を迎えたのではないかと思い、とても残念に思う。

３．危機に立つ国家を経験したアメリカとイギリス

１９７９年に出版されたエズラー・ヴォーゲル著『ジャパン・アズ・ナンバーワン』は世界で大いに話題になった。その頃の日本経済は絶頂で、ソニーがコロンビアを、パナソニックはＭＧＭを、また偉大なアメリカの象徴と言われたロックフェラーセンターを三菱地所が買収したほどだった。

家電業界では、マグナボックス、ＲＣＡがパナソニックやソニーに競争で敗北し、自動車では、ビッグ３と呼ばれるＧＭなどが日本のトヨタやホンダに追い上げられていた。写真産業でも、業界のジャイアンツと

言われたコダックも富士フィルムやキャノンに完全に敗退して世間を驚かせた。ニュージャージー州北部のフォードの工場が廃止され、その跡地にシャープのアメリカ本社が移転した。私がヘアカットに出かけた理髪店では、元フォードの従業員達が「日本人に職を奪われた」と日本を恨む会話をしていたが、私は複雑な気持ちで話を聞いていた。

また当時小学6年生の息子が通っていた学校では、教師が社会の授業で日本のMITI（通産省）の話をしてくれと私に依頼してきた。私は当時MITIの機能など十分に認識していなかったのだが、日本経済の司令塔として通産省はアメリカに大変恐れられていた。

当時のアメリカは日本だけでなく、西独の急速な企業進出で、経済がスタグフレーション（不況で物価上昇）や双子の赤字（財政と貿易の赤字）で低迷していた。今では想像できないようなアメリカの惨憺たる状況に関して、1983年に「危機に立つ国家（A Nation at Risk）」の報告書が当時のレーガン大統領に提出され、彼は全国民にギャロップ調査などで意見を求めた。その結果、「教育こそ将来のアメリカの国力の土台になる。この危機に立つ病める国アメリカの再生には、教育の基本から立て直さねばならないことはゆるぎないものだ」という意見が返ってきて、国民全体の間でアメリカの危機感が共有されていた。

このような国民全体との共通認識に基づき、レーガン大統領はBack to Back（基礎教育の重視）を宣言して、果敢にアメリカの教育改革に挑戦した。

当時、アメリカでは字が読めない生徒がいるほどで、基礎教育が問題であった。基礎教育の充実について、次のような改革を実施した

①各校の教育理念の確認など第三者からの外部評価を充実させる。
②教員任用制度と評価チームによる模範校の格付けを行う。
③日本では校長先生は鍋蓋校長と言われ権限が弱かったが、アメリカの校長は権限が強く、専門職としてドクター（博士）の資格を持っている人が就任している。その権限を一層強くして、まずしっかりした経営方針を出し、人事や予算権限を強化させる。
④日本では教師になると終身雇用が約束されるが、アメリカでは一定期間（たとえば5年）で免許を更新することが必要である。これは教師の質を高めるためであるが、テニュアー（終身雇用保証制度）といわれる一定の手続きでこの資格を取得できる。

以上のレーガン大統領の教育改革やその後の国民の全体の努力で「危機に立つアメリカ」を見事に克服した。最近の日本の凋落は著しいが、アメリカは依然世界のＧＤＰの４分の１を占め続けており、経済面で衰えていない。それは、現在でも金融ではニューヨークのウォール街が世界の中心で、ＩＴ、ＤＸではシリコンバレーが各国をリードしていることに加えて、エネルギーの分野でもシェールガスなどがあり、中東各国を凌駕し、世界一の産出量を誇っているからである。

アメリカの国力が衰えず、半世紀以上も世界経済の４分の１を占め続けており危機に立っていた国家を見事に回復させている。

トランプ元大統領が「アメリカ・ファースト」と言っているのは、アメリカの国力が衰退してきたことを意味している。以前のアメリカのように世界の警官として他国の面倒をみる時代は終わり、アメリカの利益を第一に考える時代になった。しかし、前述したように主要産業ではアメリカはまだ世界をリードしており、世界全体のアメリカのGDP占拠割合でも1950年以まだ4分の1を占めており、それほど経済的には衰退していない。

それは経済と政治は別物だからである。例えば2020年の大統領選挙の結果をみると、バイデンは8128万票を獲得している。州別でみるとワシントン州からカリフォルニア州の西海岸全域、東海岸ではニューヨーク州やマサチューセッツ州、バージニア州などの主要な海岸の州ではバイデンが有利で、若者や女性が彼に投票している。また知識層（教授、心理学者、科学者、著述業）の大多数はバイデンの支持者である。一方、トランプは7422万票を獲得したが、主に内陸部の州の白人を中心に支持されている。アメリカ・ファーストのトランプがなぜ国民に支持されているかといえば、もともとアメリカはWASPといわれる白人が建国し、白人が支配した国家であったからである。

2022年現在、白人人口は55・4%まで減少し、近々マイノリティの人々と人口比が逆転するといわれており、白人は危機感を感じ始めている。最近までアファーマティブ・アクションという不平等を是正する法律でマイノリティを優遇してきたため、今までアメリカを支配していたWASP（ホワイト、アングロサクソン、プロテスタント）の白人の割合が著しく減少し、その影響力が弱まっている。特に製造業の海外移転とマイノリティ国民の増加により、白人ブルーカラー（建設労働者、機械工、トラック運転手）の仕事が近年移民してきたマ

表4　アメリカ（世界のGDP占拠割合）の変化

	1950年	1994年	2022年
米国	27%	26%	25%
日本	3%	20%	4%

イノリティの人達に奪われた。一方で古くからアメリカに住んでいたキリスト教原理主義的な福音派の人達は、ナショナリズム的考え方で、マイノリティ優先の政策はもう止めて欲しいと思っている。彼らは、アメリカ以外でお金を使うより、まずアメリカ・ファーストで自分たちを優遇してほしいと主張している。また、トランプを岩盤支持しているＭＡＧＡ（米国を再び偉大に）という団体は、経済的な側面ではアメリカはまだ世界をリードしているが、政治的な側面で白人の地位が低下していることへの危機感を訴えている。

さて、アメリカだけでなく１９８０年代のイギリスも「英国病」と言われ大きな経済危機に見舞われていた。それはイギリスでは戦後「ゆりかごから墓場まで」という過剰な福祉政策を実施してきたことが大きいが、さらに労働組合が強く、当時は労働争議が頻発して労働党政権による左翼色の強い国家となり、国力を弱めてしまった。

死者が出てもすぐに埋葬できないほど社会機能が麻痺してしまい、国民が生気を失って社会の精彩を欠く国家となってしまった。「英国病」は重症だった。

当時のイギリスも、西独、日本、アメリカの急速な企業進出で経済競争に敗北し、アメリカ同様に「危機に立つ国家」になっていた。１９７９年に保守党の鉄の女と言われたサッチャー首相が登場してきた。彼女はアメリカのレーガン大統領と呼応して教育改革によるサッチャー革命を実施した。

彼女は「米国、西独、日本に優位に競争するためには良い教育を受けた若者が必要である」と宣言し、「今、教育に立ち遅れることは明日の国力衰退」であると主張した。そして情報公開や全国共通テスト、住民参加、教育水準局など制度を整備し基礎教育を強化した。

イギリスは大英帝国として世界を制覇した時代があり、植民地支配で搾取し、奴隷貿易も行ったこともあった。そういった英国の過去の施策の反省として、祖国にドクロマークを張った記事を教科書に載せるなど偏向教育を実施していた。しかしこれは生徒に「イギリスは悪い国である」と自国に対する自信を失わせることになった。そこで1988年、将来のイギリスを担う子供たちに自信を持たせるため、アメリカ同様に基礎教育を重視する教育改革を断行した。その内容は

①全国共通テストにより基礎学力向上：今までばらばらになっていたカリキュラムを、国全体として固定のカリキュラムに統一した。

②情報公開による学校選択制度：全国共通テストに基づく学力達成度の情報公開を行う。

③住民も参加した校長中心の学校経営：住民も参加できるガバナー制度（学校理事会制度）を導入し、校長の権限をさらに強化して校長のリーダーシップによる学校運営を図る。

④教育水準局：それまで各校の自主管理に任せていた学校運営を国が各校の教育水準の向上に関わることになった。

⑤偏向教育の是正と道徳・宗教教育：自虐歴史観による偏向教育の是正を行った。

以上のような教育改革で英国病を克服し、さらにサッチャー首相の主導でフォークランド戦争にも勝利したことで国民も自信を持ち、経済も回復して大英帝国の栄光を見事に取り戻した。

４．危機に立つ国家、令和日本

最近の日本の世界的地位の変化を見てみよう。

まず、日本、アメリカ、イギリスのＧＤＰの比率の変化は表の通りである。

日本はバブル期の14・６％から最近の４・２％に急速に衰えた。イギリスも戦後の６・５％から最近のブレグジットの影響もあり３・１％に半減している。アメリカは最近まで、依然として世界の４分の１を占めており、衰えを見せていない。

次は、日本の国連分担金の比率である。

２０００年：21％　→　２０２２年：８％

日本は国連分担金も一時期、世界の５分の１を超える金額を負担していたが、最近は急激に減少し、８％にまで落ち込み、日本の国際的地位の低下を示している。

三つ目は、日本の経済の強さを示す円・ドル相場（年平均）は下記のように推移しており、最近、急激な円安に転じた。

２０１０年：８７・８円
２０１２年：７９・８円
２０２０年：１０６・８円
２０２３年：１４１・８３円

	1920年	1950年	2000年	2022年
アメリカ	21%	27.3%	30.1%	24.7%
日本	3.4%	3.0%	14.6%	4.2%
イギリス	7.5%	6.5%	4.9%	3.1%

2024年：143円（2024年9月TTM平均MUFG）

以上の3つの指標が日本の国力の著しい衰退を示しているが、それは1980年時代に国力が低下して危機に見舞われていたアメリカやイギリスの状態とよく似ている。アメリカではレーガン大統領が「危機に立つ国家アメリカ」を宣言し、イギリスは「英国病」に冒されていた。

令和の日本はまさに「危機に立つ日本」であることを我々日本人は冷静に認識しなければならない。かつてのアメリカやイギリスの1980年代の例をみても、当時、両国の国民全体に国家の危機感が共有されていた。

現在の日本の国民全体の意識としては、国全体の危機感を認識せず、「日本は安全・安心」の国であるとゆでガエルのように安逸をむさぼっていないだろうか？

それに対して英米両国の国家首長であったレーガン大統領やサッチャー首相は、この危機に立つ病める国の再生には、教育の基本から立て直さねばならないと考え、教育改革により「危機に立つ国家を」宣言し、見事に国家を再建している。

我が国でも同様で「危機に立つ国家日本」はまず基本的に教育改革により初めて国家を再建できるに違いない。残念なことに我が国の国民も国をリードする岸田前首相などの政治家たちもこの意識が欠如しており、大事な機会を逃していることは誠に残念に思う。

第2章

◉

日本の復活は「教育改革」による隗より始めよ

1．これまでの日本の教育の基本的な問題点

中国には、何事も身近なことから始めよという意味の「隗より始めよ」という箴言がある。アメリカやイギリスが大きな国難にあったときに「危機に立つ国家」を宣言し、教育改革という身近なことから始めて見事に危機を回避したことは先に述べた通りである。

アメリカやイギリスの歴史に学び、日本もやはり「隗より始めよ」で教育改革からまず愚直に始めるべきであると思う。

教育改革といっても、１９８０年代と現在を比較すると、社会情勢や教育環境が大いに変わっており、アメリカやイギリスとも日本の国情は大きく違っている。これから行うべき日本の教育改革は独自のものでなければならない。

まず、今まで日本で行われてきた教育施策を見てみたい。教育水準が高いことは誇るべきであるが、以下のような知識重視教育であったと言える。

①知識詰込みの丸暗記：我々が受けた教育は、いろいろな知識を覚えて暗記することで、試験も暗記しているかどうかを判定するものであった。

②画一的な金太郎飴教育：特色のある教育方針で生徒や学生の人格の陶冶を教育する学校は少なく、特に公教育では日本全国画一的な教育であった。

③○×式のアチーブメントテスト：一般日本人が受けた試験は、知識があるかどうかを判定する単純なアチ

ーブメントテストが主流であった。

④個性が生かされない：生徒や学生の個性を伸ばす教育ではなく、多くの知識を見につけ、優等生を育てる教育であった。

この知識偏重教育は、先進国に追いつくことが命題であった時代には有効に働いた面もあった。しかし現在は、制度自体が疲労しているし、最近のＩＴの発達により、生成ＡＩの出現やＤＸの進展による社会の大変革のうねりの中では、知識偏重教育は急に意味をなさなくなってきた。

さらに日本の最近の国力の凋落をみると、平均学力が高いとはいえ、以前のように世界をリードするようなリーダーとなる人材が出てこなかった。この大きな原因は、今までの日本の教育に大きな間違いがあったといえるだろう。その問題点とは、

①「出る杭は打たれる」という、目立つことをするのを嫌う言葉があるが、日本ではこの言葉から「出る子は打たれる」と言われ、目立つ子供が嫌われ、リーダー養成の精神が欠如している。アメリカなどで活躍している有名なリーダーは変人と言われるほど強い個性を持っており、その個性を強く伸ばして成功してきた。

②問題解決能力は身につかない。アメリカの教育は小中ではディベート、大学教育ではケース・スタディなど問題解決能力を養うための教育が行われていたが、日本においては、それよりも知識を覚えるだけの教育であった。

③価値観に合った多様性教育がない。日本は幸か不幸か単一民族で価値観がほぼ全員に共有されてきた。し

かし、これからの世界の大競争時代に生き残るためにはバイ・カルチャー（異文化を受け入れる）として違った文化を受け入れる教育を行わないと世界との競争に生き残っていけない。

④社会人教育やグローバル（国境を越えて地球全体が拘わる）、起業家教育の不足。日本人は安全・安心を好み危険を冒して挑戦する気風が苦手であり、起業に挑戦する人材が少なく、ベンチャー起業家などがあまり育たなかった。

以上のように日本の教育には問題があり、かつてのアメリカやイギリスのように教育改革を実施して、現在の日本の「危機に立つ国家」を再興しなければならないことは間違いない。しかし、これから行うべき日本の教育改革はアメリカやイギリスとは異なったやり方で行われることが必要である。彼らが実施してきたBack to The Basicといった基礎教育の充実は日本では必要がないからである。日本では基礎教育が十分行われ、教育水準が高く、各種の世界の学習到達度調査でも高順位を保ってきた実績があった。

以前は、日本は、国際数学・理科学力調査（ＴＩＭＳＳ）において、１９８１年は数学１位、１９８３年は理科１位を誇っていた。その

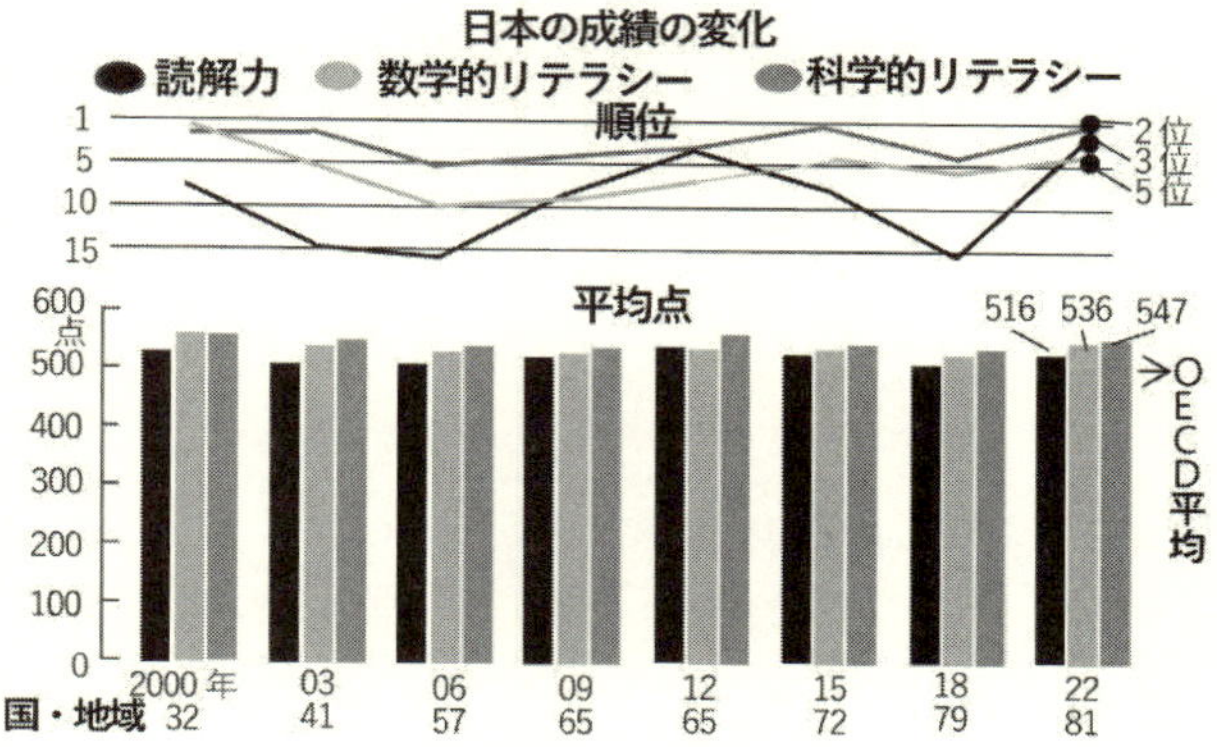

（朝日新聞　2024年2月12日記事）

後、一時日本で「ゆとり教育」という、児童・生徒の負担を軽減した教育が実施され、日本の基礎教育の学力が低下したと心配されたことがあった。このゆとり教育は、近年是正され、OECDの学習到達度調査（PISA）によると、2022年度では、日本は81カ国中、科学的リテラシーは2位、読解力は3位、数学的リテラシーは5位と地位が再度回復してきた。

2．生成AI時代の到来で大変革すべき日本の教育

生成AIの登場で世界の情勢が大変革しようとしている。遅れていた日本の教育事情も、この変革を他国より先取りできれば、日本が世界をリードする国に復活できる大きなチャンスである。

2024年初頭、ソフトバンクの孫正義さんは講演で、AI時代の到来で今後の社会が大変化すると次のように述べていた。

①AGI（Artificial General Intelligence）汎用人工知能の急速な利用で、AIは人間並みに問題解決行動をとることができる。10万件のアイディアの活用を目標としている。
②10年以内にAIが人類叡智の10倍になるほど発達し、それが人間に置き換わることができる。
③難関と言われた医師国家試験、司法試験でもAI自身の知識で問題なくパスでき、あらゆる分野で、AIが人間に勝るようになる。
④AIの代表的なChat GPTを利用している企業は、アメリカ51％に対し、日本ではわずか7％である。日

本のＡＩの利用はアメリカに比べて非常に遅れている。
⑤ＲＰＡ（Robotic Process Automation）というルールに基づき定型化されたデスクワークを自動的にロボットが代行することで4万台のＲＰＡを導入することを目標としている。
⑥生成ＡＩ活用コンテストを開催して、1万件の特許、事業化できるアイディアを獲得することを目標としている。
孫さんが言われるように、急速にＡＩ革命の時代が到来することは間違いない。特に最近のＡＩは画像や文章作成能力が高く、一人で素晴らしい作品ができることで、今までの知識を集約した仕事を担当する人も多く失職しそうである。そうなれば日本が今まで行ってきた知識偏重教育は全く意味をなさないことを我々は真剣に認識する必要がある。それで日本のこれからの教育もＡＩ時代に適合するように大変化させなければならなくなってきた。

3．日本が行うべき教育改革とは

現在の日本に必要な教育改革とは何か。

（1）ＡＩ時代には基礎教育でなく個性のある教育を

日本人は学校や家庭でよく自分の欠点を指摘された。私も母親からはいつも、お前のこれが悪いと注意され、今でも家内に同じようなことを言われる。何回注意されても、嫌なことは馬耳東風でなかなか直せないものだ。伝統的に体育会などは根性論を中心とした欠点修正主義であるが、近年これには若者もついて行けなくなりつつある。

一方アメリカでは長所を伸ばす主義で、子供の教育でも両親は「グレイト、ワンダフル」と言って褒める。褒めてもらうと悪い気はせず、どんどん長所は伸びていく。「ブタもおだてりゃ木に登る」とはよく言ったものである。「褒めるだけでは欠点は直らない」という人もいるが、長所を伸ばすと欠点も目立たなくなり、自然と欠点も修正される。これは成功した方をみればよくわかる。例えば全科目優秀な優等生より、理科、数学、英語など一つの科目が飛びぬけて得意な個性派こそが社会に出ると活躍している。

例えばビル・ゲイツ、スティーブ・ジョブズ、イーロン・マスクなどが成功したのは、ベンチャー・起業家精神が旺盛で、失敗してもチャレンジし、自分の得意な分野を伸ばしてきたからである。

（２）小学低学年からのＩＴ教育

私の息子の家族の話になるが、小学生や中学生の孫たちの保護者と学校の先生からの連絡は、アメリカではすべてメールでなされていた。

コロナの時は、アメリカでも遠隔授業が基本であった。孫たちは数台のＰＣを並べてゲームしたりYouTubeの画面をみたりしながら授業を受けていた。これは決して褒めたことではないが、アメリカでは先端ＩＴ産業が進んでいるだけでなく、早くから教育の現場でもＩＴ機器を大量に導入し、その活用は進んでいた。

この小学生の孫は私の自宅に来た時、私のＰＣで勝手にパスワードを変えて自分の好きなゲームを楽しんでいた。学校にも多数のＰＣが設置され、日頃からタブレットの操作になれているからだ。さらに彼は、好きなスポーツのYouTubeの発信元にもなっていた。アメリカの子供たちは、アルファベットのキーボードの操作には馴れ親しんでおり、彼らのパソコン操作は速いしうまい。

初等教育段階での日米のＩＴ環境には大きな差があり、日本も大変革が必要である。

（３）大学生などへのメディア教育の充実

日本の大学生をみていると、スマホはうまく使いこなしているが、ＰＣの使い方はアメリカの学生に比べて不慣れなように思う。

すでに述べたが、ＡＩ時代を迎えるいま、日本の未来を支える若者もＡＩを駆使して世界から一目置かれるような国家に改革してほしいものだ。それにはまず大学の授業を各教員がＡＩを多用したものに変革する必要があると思う。授業を支えるメディア・サポートの人員やソフトもアメリカの大学に比べて10年は遅れているように思う。この機会に大学教育も大変革する必要がある。

（４）ＩＱ（知性）よりＥＱ（感性）を重視した教育

人間の能力には大きく分けて、ＩＱ（知力 Intelligence Quotient）とＥＱ（感性 Emotional Quotient）がある。

ＩＱとは「物事を記憶し、知識として生かし問題解決しうる能力」のことである。今までＩＱの高い人が仕事の能力が高く、有能でビジネスに成功する人が多いと尊敬されてきた。しかし、先に述べた孫正義さんの講演での主張の通り、ＡＩが人間を超える時代が到来して様子が変わってきた。我々人間にとってＡＩ時代には、ＩＱでなく、人間自身のＥＱが大事になってくる。現時点では、ＡＩはプログラムされたルールに基づいて反応を生成するだけで、人間のように感情の反応を持つことができず、感性などが再現できないからである。

ＥＱは、脳科学者の茂木健一郎さんが「クオリア」と呼んでいるが、「人間が心の中で感じる質感」のことで、しっとりとした情感という意味でもある。ＥＱの高い人は感情が切れて錯乱した行動をとることなく感情をコントロールできる人でもある。

四季や情緒を見事に表現した「万葉集」に始まり、モノのあわれを表現した世界文学の傑作「源氏物語」にみられるように、日本人は感性を尊重した国民であった。ＥＱやクオリアの高い人は付加価値の高い商品やきめ細かなサービスを提供できるといわれており、もともと欧米人よりＥＱが高いといわれる日本人は、この強みをますます磨いていかなければならない。

（５）問題解決能力を伸ばす教育

これからの教育は何を知っているかより、困難に出会った際、その問題を解決する能力が必要だ。たとえば「ホールドアップ！」と銃に狙われるような場面に遭遇した時、いくら知識があっても役には立たない。むしろ、すぐ逃げるなり大声をだすなり行動できる知恵のほうが大切なのである。

我々は人生でいろいろな困難に遭遇する。欧米の専門職を対象とした教育では、科学的分析手法を駆使して、ケース・スタディを使いながら問題解決能力を養う授業が多い。知識だけでなく、その時の決断力や胆力、創造的思考力、協同問題解決能力、実践的な能力も必要になる。このような力をつける教育が必要になり、我々もそれを学ばねばならいない。

（6）とっさに判断できる知恵を養成する教育

知識と知恵は異なるものである。リーダーになる人は、知識のほかに、とっさに判断できる能力である「知恵」を具備しなければならない。知恵とは、敵に匕首《あいくち》を突きつけられたときに、瞬間的に対応できる能力である。瞬間的対応能力は過去に多くの修羅場を切り抜けてきたことで養成されるもので、いくら多くの知識を持っていても役立たない、それは、①大声をあげて人を呼ぶ、②すかさず逃げる、③相手に立ち向かう。こうした行動が瞬間的にとれる能力のことであり、知識より知恵を備えた学生を養成する必要がある。

（7）グローバルコンピテンス（国際国家としての能力）を身に付けさせる教育

現在の世界情勢は、中国とロシアを中心とした社会主義国と、欧米と日本などを中心とした民主主義国との間で分断されている。アメリカでも現在共和党と民主党の主張で国内の分断が騒がれている。我々はこの危機を回避して世界中の国民が平和に暮らせる社会を築きあげねばならない。

現在の教育に必要なことは、まず、バイリンガル（2つ以上の言葉を理解できる）とバイカルチャー（2つ以上の文化を理解できる）な人間を養成することだ。日本人にとってバイリンガルとは英語教育の在り方になるが、これは後で詳述したい。

私は、日本人にとってはバイリンガルよりバイカルチャーの方が重要な気がする。それは日本人が過去2000年にわたりほぼ同一の単一民族で暮らしてきたため多様性に欠け、異なった文化を理解することに慣れていなかったからだ。雑多な文化を持つ人と接した際に、どうして彼らがそのような発想をするのかを理解し、パーセプション・ギャップ（多文化を理解できない）を克服することが重要である。グローバル教育とは外国人の習慣、価値観（バイカルチャー）を充実させることでもあると思う。日本人はバイリンガルというと英語をモノにすることがほとんどであったが、アメリカ人の学生にとってはマルチリンガルといって、スペイン語、フランス語、英語、中国語など三か国語以上を対象としている学生が多かった。

４．参考にすべきアメリカの多彩な公教育

先に述べたように、ＯＥＣＤの学力到達度調査で日本の基礎学力が世界的にみても高順位であることは大変うれしいことである。しかし最近の日本の国力低下や、これからのＡＩ万能時代では従来の日本式知識偏重教育を変革する必要がある。

どう変革すべきかについては、アメリカの教育は一つの参考になる。基礎教育に劣るとはいえ、アメリカが依然として「世界の大国」のゆるぎない地位を保持しているのは、実践的で多彩な教育を行ってきたからだと思う。

私は平凡なサラリーマンで一介の駐在員に過ぎなかったが、当時、「ジャパン・アズ・ナンバーワン」と言われた日本と、海外では少し名が売れていた企業であったミノルタに勤務していた関係で多彩な体験をさせてもらった。以下、参考までにアメリカの実践的な教育を紹介させていただく。

アメリカの小学校では、日本と違って自前の民主主義国家の国民をつくるため実践的な教育が実施されている。その例をいくつかあげよう。

①Show & Tellなど自己主張できる授業

幼児や児童が自分の好きなぬいぐるみなどを持ち、これを他の人達の前で示し、なぜそれが好きになったかについて話す。これが高学年になるとPresentationの授業になり、2つのグループに分かれ課題を討論するDebateの授業も小学生の時からやらされている。

②Critical Writing, Critical Readingなど自分の意見を述べる授業

本を読んだときに、著者の意見を鵜呑みにするのでなく、自分はどう思うか批判的に考える授業である。例えば私の長男は小学校6年生の時渡米した。学校でこんな宿題が出た。「スタインベックの『パール』を1冊読んで、作者がこの作品で何を訴えたかったのかについて10日以内に提出せよ」というものだった。渡米後数か月の長男にはとても無理で、私が四苦八苦してレポートを書いたことがあった。日本では文章の一片を捉えて、その意味を問うことが多かったのに対し、アメリカでは自分の意見を述べることに加えて、本を一冊読んで全体的な観点から感想を述べることが求められることに大きな違いを感じた。ビジネスマンとしての私は、日常的に膨大な案件を全体な観点から即時に判断しなければならないことが多かった。この教育の違いが今日の日米経済格差にも影響しているのでないかと考えた。

③コミュニティの有志による授業

アメリカには移民も多く、識字率が低いという問題もあった。その改善をコミュニティがサポートするという意味で、市長などの地域の有力者が学校に出かけ、本読みをする授業があった。私もそれを依頼されたが、本読みといってもとてもネイティブの真似はできず、家内が作っていた紙芝居を英訳し実演した。これ

がアメリカ人に面白がられ、ローカルの新聞やテレビで紹介してくれた。その他にも、小中学校でも地域の人をゲスト・スピーカーに呼び、多くの授業が行われていたが、私もよく駆り出された。コミュニティ全体で地域の教育をサポートしていたのである。

④親の勤務先の会社で夏休みに働く

サマーワークと言って、夏休みに子供が親の職場で働くようなアルバイトをする試みが行われていた。日本では親が嫌がって子供が同じ職場で働くことなど考えられないが、アメリカでは親の職場で簡単な事務や作業などで働き、親の仕事を理解するプログラムがあった。私の職場にも次男が応募して来てくれたが、担当のマネージャーは次男を工場で一番汚い作業する現場に回していた。マネージャーは次男に「このような汚いところで働くのは嫌と思うが、これからよく勉強してあなたの父親のように偉くなりなさい」と言ってくれた。それが次男には勉強になったようで、子供達同士は親の会社での地位に関係なく親しくなっていった。実際に社会に出ればどのような仕事をするかをよく理解できるようなプログラムであった。

⑤学校に行かず親が教えるホームスクール

アメリカでは教育委員会に届け出れば、学校に通わなくとも家で保護者が教えれば学校教育と同等とみなされるホームスクールの制度がある。保護者（母親が多い）が半日程度時間を割き、気に入った教科書を選び自分の子供に教える。熱心なキリスト教の家庭など、公立学校では自分たちの望む教育をやってくれないと考えている人がこの制度をよく利用しているようだ。ホームスクールの生徒の方が公立学校の生徒より成績が良いとも聞いたが、２０２１年の調査では人口の15人に１人の３７２万人の子供達がホームスクールで勉強しているそうだ。

5．変化に富んだアメリカの高等教育

（1）コミュニティと共に歩むコミュニティ・カレッジ

アメリカでは初等教育だけでなく、高等教育でもコミュニティが大きく関わっていた。その代表としてコミュニティ・カレッジという公立の2年制短大がほぼ郡（州と市町村の中間）単位で設立されていた。この学校は日本でいえば専門学校のようなもので、地域の職業訓練とも大いに関係があった。

私が責任者をしていたミノルタの現地生産工場は、ニューヨーク州の企業誘致で進出した関係で、同州のオレンジ郡コミュニティ・カレッジと少なからず関係していた。

まず、コミュニティ・カレッジの運営は学校と地域の人達と話し合って運営されていた。私も委員の末端として運営会議によく参加した。この短大では激しく変動する社会変化のなかで、どのような職業と関連した授業開講すればよいのかなどについてよく議論した。学生の募集には郡内の企業も支援し、それぞれ仕事に関係ある従業員に授業を受講させることもあった。私たちも社員から申請があれば会社が授業料を半額負担していた。ある時、同校の教授から、サバティカル（大学教員の研究のための長期休暇）で日本の経営研究のためにミノルタの工場に通わせてくれと言われた。それで彼は数か月、我々の工場に来られ、社員同様に個室を与え自由に研究をしてもらったことがあった。当時、彼らが日本的経営に興味を示していたからであっ

た。

（２）多彩な職業訓練学校の教育

ニューヨーク州内でも若者の職業訓練を行うためにＢＯＣＥＳ（Boards of Educational Service）という職業訓練学校が州内に37校設立されていた。

その一つがオレンジ郡で設立されていたが、その幅広い教育には驚いた。まず学校の敷地が広く設備が充実しており、多数の実験場やミニ工場があった。例えば木工などの工作場に始まり、自動車については実際の修理工場があり、生徒が懸命に修理作業を行っていた。驚いたことに軽飛行機の修理工場もあり、飛行機の現物を教材に生徒が作業していた。これはアメリカでは気軽に飛行機を持つ人もおり、プライベートの飛行場も各地に存在していたからだと思われる。当時ロシアから学校見学に来た団体と一緒になったこともあったが、彼らもさすがに飛行機の修理には驚いていた。

私がショックをうけたのは、ティーン・エイジャーのシングルマザーの生徒達への授業であった。彼女達への授業は大きな教室で行われ、自分たちのベビーを教室内の周りにベビーベットに寝かせながら授業を受けていた。私はアメリカの教育の幅広さには感心したものの、このような授業をしなければいけないアメリカの社会事情の複雑さと、ある意味、日本の安定した社会の違いを感じたものだ。

（３）ニューヨーク州立大学ニューパルツ校の事務職員年次大会

当時、日本はライジング・サンと言われ、アメリカでは注目されていた。アメリカでは国立大学は軍関係だけで、一般の公立大学は各州が運営していた。ニューヨーク州といってもイタリアと同程度の経済力をもつビッグステートで、州内各地に10校ぐらいの州立大学を設置していた。その中に学生数約7000名、7学部を設置しているニューパルツ校があった。同校の事務職員の年次総会がアメリカの陸軍士官学校（West Point）で開催されることになり、私に基調講演を依頼してきた。なぜ私のようなものに講演を依頼してきたかといえば、当時日本の経済が絶頂期であり、大学の授業でも「In Japan」といえば多くの人が振り向いてくれるほど日本は注目されていたからであった。それで私は「品質を重視した日本的経営」について講演させて頂いたが、それが好評を得て同大学の学内報に講演内容が全文掲載された。

（4）ニューヨーク州立大学、ニューパルツ校財団理事

上述の同校での講演をさせてもらったご縁で、同校の財団理事（Trustee）をさせてもったことは私には非常に良い経験になった。

まず、第一に日本の大学とアメリカの大学の経営方法の違いであった。アメリカの大学の運営は社長（President）が全権をもって運営する一般企業と同じで、学長（President）が全権限を持って大学を自分の思うように運営し実績を上げる制度になっていた。学長の実績を理事たちが毎年評価し、実績により給与を決めていたが、実績が上がらない学長には辞めてもらっていた。また学長の方でも、実績を上げ自信がつくと、より上の大学に転職していった。この制度はアメリカの激しい競争社会を反映したものであった。学長が全力で経営にあたり、実績を上げ切磋琢磨することで、アメリカの大学が強くなる。日本の「ゆでガエル社会」とは異なっていた。

理事の仕事として大事なことは、大学を活性化することで、教員が大学院生と共同で起業していたが、そ

れを支援することに始まり、大学でどのような授業科目を開講すべきかをよく審議した。私は当時の日本企業の活躍を参考に、品質管理や日本的経営などの科目の授業を提案したところ、それが採用されたこともあった。理事会で誰かが「理事は無報酬だが、外部から訴訟された時の金銭的な責任はどうなるのか？」と問い合わせたところ、青天井で保険に入っているので安心しろと言われたのには驚いた。

（５）セレブの人たちが支えるバージニア大学

バージニア州はアメリカ最初の永続的植民地のジェイムスタウンの設立以来、ボストンとともにアメリカの伝統ある州である。バージニア大学もトーマス・ジェファーソンが設立した名門校であったが、同校より「What can Japan do for 21century」という題で講演依頼されたことがあった。日本の江戸時代は廃棄するものがゼロの完全なリサイクル社会で、これからの環境問題の模範となることについて話をさせてもらい、何とか好評を得ることができた。バージニア大学の周辺は、アメリカの建国以来のセレブが住んでいる地域であった。

講演の当日は１００万坪以上もあるデュポン家の末裔の大邸宅に泊めてもらった。その夜は敷地内でとれた鳥や魚を使ってパーティーを開いてくれた。そこで集まってくれた人々は上院議員、弁護士、実業家など、伝統ある大邸宅に住む錚々たるセレブの人達であった。アメリカには今でも建国以来の由緒あるセレブが住んでいるコミュニティがあり、そのコミュニティの人達がしっかりと大学を支えていることを思い知らされた。

余談になるが、このデュポン家の末裔の方とは親しくなり、後に私が通っているニューヨークの禅寺を案内したこともあった。デュポン家が経営しているホテルに泊めてくれ、馬を50頭も飼育している親戚を案内してくれたこともあった。一つの典型的なパターンとして大学を支えるセレブの世界があることを面白く思った。

（6）West Point（陸軍士官学校）との交流

ウエスト・ポイントとは、アイゼンハワー大統領や同校の校長経験のあるマッカーサー元帥などが卒業した軍国アメリカを代表する歴史的な学校であった。同校に入学するには州知事か国会議員の推薦が必要で、エリートの若者を集めた学校である。

同校は私の勤務先の工場から近くであったため、思いがけずいろいろ交流させてもらった。ある時ウエスト・ポイントの教授から学生を工場まで連れていくので、工場見学と同時に「日本的組織論」について授業をしてくれと依頼された。実際に彼らに授業してみると、さすがに優秀な学生の集まりであり、厳しい質問も多々浴びせられた。それ以上に感心したのは、彼らのキビキビした行動そのものであった。

今度はその見返りとして、私にもウエスト・ポイントの学生の授業を受けて欲しいと招待された。ウエスト・ポイントの校長は陸軍中将であったが、常に優秀な副官が横についておられ、威厳のある方であった。授業の内容は「アメリカ軍が敵地を占領した際、どのような軍政をするか」であった。私にもテキストが与えられ、静かに聴講させてもらった。

６．再び日本の教育改革の在り方

以上、私のアメリカのささやかな経験を披露したが、一概にアメリカの教育は良く、日本が悪いと言いたいわけではない。

現にアメリカでは、麻薬、銃撃、格差社会、不法移民問題など日本では起こりえない深刻な社会問題を抱えており、政治的に見ても国内が分断され悲鳴をあげている。また教育に関しても、基礎教育のレベルは日本の方が断然高く、日本は自信を持ってもよいと思う。

一方で、私がこれまで批判してきた日本の知識偏重の教育も悪いものでなく、過去には極めて有効に機能してきたと思う。日本はもともと農耕民族で、毎年決められたことを、決められた手順で先例を重視し、集団のコンセンサスに基づき行動するためには基礎教育が必要であった。また20世紀の経済社会において日本が活躍できたのは、知識偏重教育の賜物で、欧米の成功例を素早く模範して世界第2位の経済大国になった。このような日本の成功は、学力偏重により先進国の知識を熱心に勉強したからであった。日本もトップランナーになった途端に、先進国より学ぶべきものがなくなり、これからの展望が見えなくなってきた。

先に述べた通り、アメリカの教育は学校任せでなく、コミュニティの人達が学校教育に深く関わり、親が教えるだけでも学校を卒業できた。あらゆる面で多彩で自由度の高いプログラムで教育していたといえる。このような多彩な教育こそが子供たちに深い洞察力と広い見識を与え、将来社会に出ても幅広く活躍できるのではないかと思った。

これからは、日本も発想を変え、知識偏重ではなく、独創性があり、個性を生かした若者を育てる教育に大転換することが迫られている。それは、日本が先進国模範国家でなく、アジアを代表する盟主として独立自主の国に変化することを意味する。一方で、最近の急激なＡＩ時代の到来で知識偏重教育は有効に機能しなくなり、否が応でも日本は根本的に新しい教育のビジネスモデルを立ち上げなければならなくなってきた。それは知識よりも知恵、すなわちその目標は深い洞察力と広い視野を持った人物を育成することだ。いくらＡＩが発達しても、ＡＩは過去のデータをもとに答えを導いており、未来への想像力が働いていない。人間として必要なことは、疑問を持つことで、どのように問題を解決するかについて思考し、感受性と想像力で強い動機が生まれ、人間がアイディアを考えだすことができるのだ。この事実を踏まえた教育が必要になってくる。

世界の大学ランキングで日本の大学の順位が低下しているが、その一つの原因は日本からの留学生が減少する半面、海外から日本に留学する学生があまり増えないことである。日本から海外への留学生が増えない原因は、企業が留学経験を強く求めなくなったことと、企業からの援助で留学させた社員がせっかく留学させても留学後に退社してしまうことである。また海外からの留学生を増やすためには、彼らにとって魅力のある教育内容にしなければならず、英語での授業をもっと増やす必要もある。

（１）受験浪人や学習塾は知識偏重教育のゾンビだ

日本の知識レベルはアメリカより優れており、平均的な偏差値でみると生徒のレベルは高いが、ビル・ゲイツのような、飛びぬけて優秀な生徒はなかなか輩出しない。また日本は戦後、欧米の先例から知識を獲得して成長してきたが、日本もトップランナーに並んだ結果、先例や模範する目標がなくなり、もはやこの方式は用をなさなくなってきた。

アメリカの教育は一部問題はあるものの、多彩で活発なアメリカの教育を参考に、日本でも独創性があり個性を生かした若者を育てる教育に大転換する必要がある。

知識偏重の教育の元凶は有名大学の入試にパスすることであった。そのために他国ではあまり例を見ない浪人生の制度が生み出されてきた。私も頭が悪く一年浪人を余儀なくされたが、今、考えてみると大事な青春時代を数年棒に振ることになった。社会経済的に考えても、前途ある若者を数年に渡り、何も社会に貢献しない浪人生活を過ごさせることはナンセンスである。彼らを一日も早く社会に送り込み、現実の世界で切磋琢磨して本当の実力を養成させることである。アメリカでは浪人はほとんど聞いたことがない。不本意でも合格した大学にまず入学し、その後勉強して希望する大学に転入している。社会全体で敗者復活の制度が確立しているからだ。

日本の若者は受験が大きな目標になっていて、幼少の時から高校卒業まで学習塾通いに多大な経済的な負担と時間を費やしている。後で述べるが、アメリカの入試制度は学力テストを重視していない。日本のような学習塾はあまり聞いたことがない。日本独特の受験浪人や学習塾の制度は日本の知識偏重教育が生んだあだ花であり、日本の教育の大変革の時代を迎え、受験浪人や学習塾はゾンビ（死体のまま生き残った人間）のようにその役割はほぼ終わり、これからの課題となりつつあり、その制度の存在自体を議論しなければならない。

（2）教育改革を拒む日本の入試制度

上述のようなポイントから、これからの日本の教育を変革しなければならないが、その目標は、学力や知識より深い洞察力と広い視野を持った人物を育成することである。

日本の現代の風潮として、人生の成功者とは一流大学、一流会社に就職して、その幹部として定年を迎えることであったと思う。そのためにまず一流大学に入学するために受験勉強に青春をかけて勉強している。大学の入試は知識偏重のペーパーテストであり、問題をクリアーできる知識があるかどうかの判定であった。この試験にパスしたIQ（知力）の高い知識を持った人物がリーダーとして日本の社会をリードしてきた。しかしAIが人間の知識を超える時代には事情が大いに変わってくる。それは知識よりも知恵やその人の深い洞察力と広い視野を持った人格がなによりも重要になってきている。

日本でもペーパーテストの他に面接も行う大学があるが、これは重要な判定材料にするのではなく形式的なものが多い。またAO入試といって、出願者の人物像を大学の求める学生像、アドミッション・ポリシーと照らし合否を決める入試も日本ではアメリカに倣って行われるようになった。しかしアメリカのように厳しく査定して落としていくAO入試ではなく、かなり甘い入試であった。

アメリカの入試の例をみると、①高校での成績、②大学進学適正試験（SAT）の結果、③高校の先生の推薦状、④受験生の自己PRの作文、⑤面接などの単なるペーパーテストだけでなく、多角的な観点から判定が行われている。この方法で受験生の知識よりも、総合的な人物として将来伸びていく人物かどうか、その人格を判定基準にしている。大学の先生達にこの中で何が重点かと聞いてみると、最近は大学進学適正試験

（ＳＡＴ）の結果はあまり重視せず、受験生の総合的な実力が把握できる面接を重視しているという。

その一例として、私のアメリカにいる孫を紹介する。彼は２０２３年9月にデラウエア大学に入学した。その時の入学者には特別にワールドスカラーシップという国際留学生の制度があった。それにパスすると１年生の入学当初から4か月ローマのジョン・カボット（有名な航海者）大学に留学できるという制度である。

彼はＳＡＴの試験はあまり得意ではなかったが、面接が得意であり、小学校や中学生の夏休みに日本の学校の体験授業に参加した際の経験を話した。それが面接の先生に認められ試験にパスしたそうだ。彼に4か月の経験を聞いてみたところ、アメリカ以外の世界をいろいろ見分する機会を得て、モチベーションが上り、今後の人生の生き方を変えるほど勉強になったと言っていた。

（３）英語が苦手な日本人の英語教育改革

私も平凡なサラリーマンでありながら、ご縁に恵まれアメリカに17年も駐在できた。その際に何よりも大事に感じたのはバイリンガルという他言語（英語）で仕事することであった。世界１１３カ国と領土の成人を対象とした英語能力を調査した英語能力指数では、日本人は世界87位で、英語が苦手な国民であり、私も苦労した。これから国際的なビジネス競争に打ち勝って日本の国力を回復するためには日本人の苦手な英語を克服していく必要があると思うので、僭越ながら私の経験を披露したい。

①受験英語はアメリカでは通用しない。受験英語を忘れる

日本人は最低でも中学校、高校で6年間も英語を勉強してきているのに、どうして日本人の英語が現地で通用しないのだろうか？　それは日本人の英語教育は話すことより読み書きが中心であり、文法を重視しそ

れに縛られている。さらにペーパーテストの受験英語が主体だからである。それよりも文法など全く無視して、片言を身振り手振りでやさしい生きた英語で話してみることだと思う。私の友人は、雑誌や新聞の記事などで分からない単語があっても、それをどんどん速読していると英語のリーディングだけでなく、ヒアリング力とスピーキング力も身につけることができると言っていた。

②ライティングよりスピーキングとヒアリングの重視

発展途上国からアメリカに移住してきた人々をみると、彼らは日本人のようにしっかりした英語教育を受けておらず、文章を書くことが苦手であった。しかし彼らは物おじせず、アメリカ人の社会に積極的に入り込み活躍していた。片言でもよいからスピーキングしていると、自然とヒアリングも上達していく。日本人はもっと現地の人々の中に飛び込む勇気が必要だが、日本の英語教育でもライティングよりスピーキングとヒアリングを重視する教育に変えていく必要がある。

③発音よりイントネーション

日本人はとてもネイティブの人々のような発音はできない。聞いた話だが、18歳ごろ声帯が固まり、日本語の発音の影響でネイティブの人のような綺麗な発音ができにくくなるそうだ。私も恥ずかしながらジャパニーズ・イングリッシュであったが、発音ができなくとも、イントネーションとLとRの発音さえ気をつけていれば全く問題はない。日本式では「カリフォルニア」というが、ネイティブの発音は「カラフォールニア」で、「フォール」の部分にイントネーションをつける。また「コーヒー」ではなく「カッフィー」とカッのところでイントネーションを上げる。

それと日本人が苦手なＬとＲの発音は、一旦止まってＬとＲを丁寧に発音する。アメリカでビジネスマンとして大活躍したソニーの盛田昭夫さんなどは典型的なジャパニーズ・イングリッシュであったが、当時の大統領以下、アメリカ人と親密に交流できた。アメリカにきているドイツ人、フランス人、中国人ビジネスパーソンの発音を聞いていても、一言で出身国がわかるほどのその国の訛りで発音をしており、ジャパニーズ・イングリッシュを気にする必要は全くない。

④対話力（外国人と議論できる、Ｙｅｓ、Ｎｏをはっきり言える）

ビジネスや大学関係の仕事で外国人と議論することが多かったが、私がなんとか彼らと議論できたのは、もちろんアメリカのことも勉強していたが、日本文化を背景にアメリカ人と異なる意見を言って、彼らにもなるほどと思ってもらえたからでないかと思う。それから考えて、日本人としてのアイデンティティや日本文化をよく勉強しておくことが語学以上に大事だと思った。

余談だが、１９７０年代に最初にアメリカに駐在した時、幼児の息子たちに英語を熱心に教えていたところ、アパートの前に住んでおられたフランス人の老婦人が、英語よりも母国語を熱心に教えなさいと言ってくれた。今になってみると、まさにその通りで正鵠を得たアドバイスであった。

日本人はなかなかノーと言えず曖昧なまま済ませることがある。英語では特にビジネスでは、無理なときにははっきりノーと言うと、理解してもらえる。一方で、曖昧な返事をすると後で問題になる場合がある。

7．これからの教育で期待されるグローバルビレッジ有楽町ハウス

以上のような日本の教育状況を踏まえて、日本でも新しい教育の試みが出はじめている。公教育では東大への推薦入学制度や2027年度から学部、修士一貫の五年制の文理融合の過程で、授業は英語で実施されるそうだ。

このような公教育の改革も非常に重要だが、民間から湧き上がてくる新しい教育の試みこそ極めて重要である。民間からの試みとして注目されるものに住谷栄之資さんが主宰されている「グローバルビレッジ有楽町ハウス」がある。

住谷さんは「ダイニングカルチャーを世界から」を目標に、若くして世界のケンタッキー・フライドチキン、ハードロック・カフェとトニーローマなどの外食事業を日本に導入してきたWDI社（東証スタンダード）を共同で創業した人である。同社の社長を60歳で退職してから子供たちが職業体験できるKCJグループ（キッザニア）を創業し、東京、甲子園、福岡の3拠点を開設した。キッザニアのコンセプトを強く支持する方々が多数来場し、事業の成功を収めた。

明治時代に活躍した若者に倣い、現代日本の閉塞した状況を打開する「Global Leader」たる人材を育てるために、3番目の事業として、自ら「プロメテウス財団」を設立し、現在「グローバルビレッジ有楽町ハウス」プロジェクトに精力的に取り組んでいる。住谷さんは私の大学のクラスメートであったが、大成功したビジネスマンで、私も大変お世話になった方である。

「グローバルビレッジ有楽町ハウス」は有楽町駅前の交通至便の電気ビルに２０２３年に開設された。ＶＵＣＡ時代（先行きが不透明で将来の予測の困難な状態）に、グローバル・ソーシャル・デジタルの三側面を兼ね備えたリーダーたる若者主役の社会を作り上げることで彼らに求められる能力は下記の図のようなものである。

最近の活動は、①専門家に学ぶ「グローバル・リーダー・プログラム」の開設、②ソーシャルスキルの向上を目的とした各種イベントの開催、③インドへの日本人学生の派遣、④スタンフォード大学、ＵＣＬＡや慶応義塾大学等、国内外の大学との交流活動、⑤中高生スタートアップ支援及びビジネスプランコンテストなどで、今後このようなイベントを加速しようとしている。今後、「グローバルビレッジ有楽町ハウス」のような民間からの試みが続々と日本中に出現すれば、間違いなく日本が元気になると思う。

現在、リーダーに求められる能力

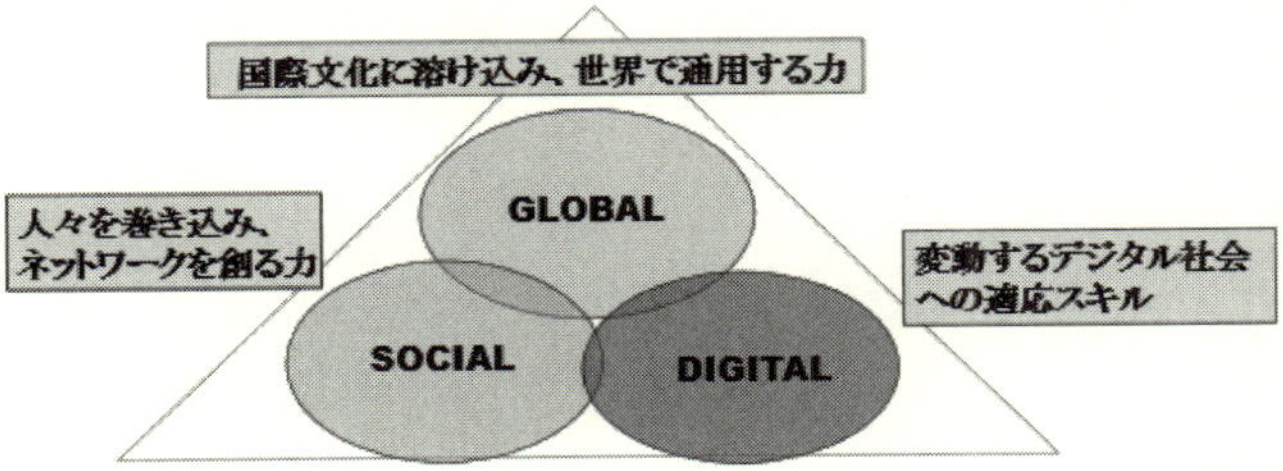

（グローバルビレッジ有楽町のコンセプト）

第3章

◉

日米の識者に聞く日本の教育改革

1 日本の復活は文化都市を先導する京都から！

……………………………………門川大作さん

門川大作さんは、「一人一人を大切に！」という明確な理念の下に、市民と共に最善を尽くし、4期も京都市長を務められた方である。京都市長として、文化庁の京都移転をはじめとして、熱意を持ってさまざまな文化興隆に貢献された。市長退職後は、一市民として大所高所からでなく「小所低所」から京都の文化の発展のために尽くされている。そして、この度、厳しい修行を経て実家である金光教の協会の教師に就任された。そういった謙虚な人柄に感銘を覚える。まだ往年の熱意は燃え盛っておられるようだ。

私は門川さんが京都市教育長の時、ご縁を得て、ご支援頂き『日本学力回復の方程式』(ミネルヴァ書房)を上梓させて頂いた。因みに近年の京都市立小中学校の学力は日本のトップレベルであり、市立高校改革でも画期的な成果を上げ、障がいのある子ども達の教育でも全国をリードしている。その後、私が本を出版するごとに、門川さんからは暖かいコメントを頂き、心の温かい方だと尊敬している。今回は、京都の文化行政などについてうかがった。

京都から新文化庁と共に文化国家日本の復活の基軸！

現在の日本の国力の低下は目を覆うべきものがある。しかし、日本はいつも危機的な時に、若者が日本ならではの文化、学術、モノづくり等を、何よりもその人間力を生かして見事に復活している。その象徴が京都である。若者が世界を視野に未来に希望を持ち、未来に挑戦する日本をテーマにして、「日本の伝統を生かした文化国家の復活を目指すこと」がきわめて重要だと思う。

このような目的にかなった新しい動きの起点として、2023年3月に文化庁が機能強化して京都に移転したことが大きなインパクトになっている。文化で地方創生のスタートである。

文化庁と言えば、かつては文化財の保存・活用や芸術振興が基本業務であったが、京都移転前に業務と機能が大幅に拡大された。まず2017年に文化芸術振興基本法が改正され、「新たに観光や街づくり、食文化など生活文化」も所管することになった。さらに2018年に文部科学省設置法が改正され、文化庁が文化に関するあらゆる事項を各省庁と連携して活動できることになった。例えば食文化に関しては、本来の所管である農水省と横串の形で文化庁も共同活動できるようになった。

新しい文化庁の組織は、長官と1名の次長が390名の職員と京都に常駐する。一方で、①国会の対応、②他省庁との連携、③大使館と外交に関する3つの業務は、東京で1名の次長が担当することになった。そして、直ちに長官の下に、「文化と観光推進本部」などが発足し、早くも機能し始めている。

日本は戦後、フランスを模範として文化庁を設置している。文化庁の業務である文化行政については、予算面でフランス、イタリア、ドイツなど欧州の国々に比べ日本は後れをとっている。例えば文化庁の予算は、河合隼雄先生が長官であった2023年にようやく1000億円を超えた。現在は1400億円に増えているが、これでもまだフランスの1割程度にすぎない。

京都といえば日本の映画発祥の地で映画産業がある。戦後「太秦」では黒沢明監督の「羅生門」や多くの傑作が制作されていた。日本映画が世界を席巻するほど評価され、「太秦」が「東洋のハリウッド」と呼ばれていた。第二次世界大戦で失った日本の信頼を映画が復活させたのだ（河合隼雄談）。近年、韓国では日本のメディア芸術も徹底的に研究されたと伝わる。そして国家の重要な政策として世界を視野に戦略を立て、巨額の予算も投入。その結果K-POPや韓国映画が世界的進出を果たし、高い評価を得ている。

韓国や中国は、日本の映画産業だけでなく、京都をはじめとした日本の文化をよく研究している。日本も韓国をはじめ諸外国の施策を学び、全国の各地域の文化を大切にした国家としての戦略を官民で実行すれば、復活の道が開ける。

日本の強みは地方にあると思う、韓国はソウルの一極集中加速が問題とされている。日本も東京一極集中は極めて危険であり、日本の未来を展望できなくする。ただ、現時点でまだまだ地方が頑張っている。文化庁の京都移転により、各地域の文化を大切に、経済を融合させ、文化で地域経済を活性化し、雇用もつくる。文化で全国津々浦々の文化を生かし地方を元気にして、世界から憧れられ、尊敬される日本を目指す。東京一極集中を打破する地方創生の政策の切り札にしなければならない。大学も含めたオール京都産学公、地域連携で、サイエンスとカルチャーを融合してイノベーションを起こし、あらゆる社会課題を解決する世界のスタートアップを京都から、また京阪神が連携して、関西から発信する取り組みも推進している。

１０００年も文化を紡いだ京都から

紫式部の時代から京都は日本の文化の中心である。２００８年に「源氏物語千年紀事業」を開催した。欧米の人達から千年以上も文化を紡いだ都市は珍しく、次は欧米で同じイベントをやってほしいと言われた。桓武天皇の建都以来京都の文化は連綿と続き、多様性と重層性が誇りで、モノづくり、経済の活性化にも大きく生かされている。

その京都も１２００年余の間に何回も危機に瀕している。例えば明治維新の時に京都は6割も焼失し、東京に奠都してから人口も3分の2に激減した。その都市存亡の危機の時に、京都市民は千年の都を守り発展させる使命感のもとに行動を起こした。そして、以下のように京都復興に献身した。①明治2年に日本初の、地域が主体で独自に作り上げた64の番組小学校の地域住民による設立と運営。②明治13年に京都市立芸術大学の前身となる画学校の設立。③明治19年に京都染工講習所を設立、日本の工業学校のはしりであり、現在の京都市立京都工学院高等学校となった。④そして明治23年の琵琶湖疎水の完成による発電所の設立や京都市電の開設に続く。

すなわち、危機の時、未来を展望し、まず人を育てる。次に文化芸術を振興させ、モノづくり、産業の活性化へ。更に都市基盤づくりへと繋いだ。これらの事業はすべて日本初だった。

このように、紫式部などが活躍した古代の文化都市を近代にも花を咲かせた京都であったが、先の第二次大戦後も再度大きな危機に見舞われた。河合隼雄先生は「この大戦で欧米諸国から日本は野蛮な国といわれ、日本の評価は地に落ちた。しかしその後日本の電気製品や自動車などあらゆるモノづくりが高く評価されるようになるが、その前に映画が大きな役割を果たし、更に、茶道、華道、食文化など日本の京都文化が再評価された」と言われていた。そして1000年の文化を紡ぐ京都は不死鳥のように蘇ってくる。

それは文化を起点とした「京都モデル」というべきものである。京都は、ベンチャーの都とも評価され、ナンバーワン、オンリーワンの企業が発展している。その原点は千年続く伝統産業からイノベーションした企業が多い。京都の代表的企業と言われる島津製作所は、江戸時代に仏壇仏具を作って社会貢献していたが、明治以降はその精神を生かし、学校実験道具→医療分析機器に変身した。京セラも陶磁器→セラミック→電子部品、宝酒造はお酒、焼酎からビールで失敗したが、そのバイオ技術者をリストラせず、現在のタカラバイオに生かしている。国が力を入れていなかったアニメやゲームは、京都発祥で今や日本の寵児となり、印刷や「型染」の技術が半導体製造装置（SCREENやNISSHA）になった。任天堂も花札から現在の世界に冠たるゲーム会社に発展している。

このように、かつての衣食住を中心とした基幹産業を時代の変化と社会の必要性に対応して見事にイノベーションを起こし新しい産業にしたのが京都である。今も74もの京都の伝統産業が頑張っているが、生活様式の変化やコストダウンを目指す大量生産の時代には厳しい状態である。西陣織などは10分の1まで生産が減っている。京都の幅広い伝統産業は、日本ならではの文化を支え、さらに先端産業、ベンチャー企業の母胎ともなってきた日本の全てであり重要なものである。奥深い魅力の手作りの良さをアピール、新たな需要の開拓、世界への進出などを視野に努力を重ねている。

京都芸大と美術工芸高校の移転で文化芸術ゾーンに発展した京都駅周辺のシンボル地区

京都市立芸術大学は、先に述べたが京都市立美術工芸高校と共に明治13年設立の日本初の画学校が前身である。卒業生に竹内栖鳳や上村松園はじめ、そうそうたる芸術家が多くいる。松園の子息の上村松篁、お孫さんの上村敦之と三代にわたって文化勲章を受章された。他にはこのような例はない。上村松園さんは師匠との間に生まれた松篁さんをシングルマザーとして見事に育てあげている。この学校は当時としては異例の、建学当初から男女共学で、上村松園さんはここで学んでいた。東京芸大をはじめ日本の大学はほぼ戦後になってから共学になった。ジェンダー面でも進歩的な京都市立芸術大学であり、京都の町であった。ヨーロッパの総合大学は、建学の当初は宗教・哲学・芸術等を研究する大学であったが、日本の国立大学は官吏養成を主たる目的にしていた。この意味でも明治の初年に京都で芸術学校が設立されたことは意味深いと思う。

この大学は京都市街の中心にあった。手狭になり西京区の郊外に40年前に移転したが、さらに高校と共に、学校と地域、京都文化の発展と文化芸術の新しいシンボルゾーンを創出するために京都駅の東隣りの交通至便の崇仁地区（旧同和地区）に全面移転した。この移転構想は10年を越えて検討されてきたものである。芸大関係者が総意を持って「崇仁に行こう」と決意されたことは偉大であり、それを受けて崇仁の方々があらゆる協力を表明された。

一つの大学・高校の単なる移転ではなく、文化を基軸とした都市経営に新たな魂を入れる。文化庁の京都への全面的な移転の時期と合わせて、あらゆる社会課題を解決し、人々の幸せと持続可能な社会づくりへの挑戦として、関係者、市民の理解の下に進められ、見事に実現した。崇仁地域及びその周辺地域も劇的に変化し、早くも人々の「あこがれ」の地域となっている。

京都市はこのプロジェクトに350億円を投じたが、その効果は計り知れないと言われている。芸大の施設内の学外連携スペースに、建都1200年に創設されたアジア唯一の「世界人権問題研究センター」も移転。さらに、京都議定書誕生を記念して国によって京都市左京区に創設された総合地球環境学研究所の新たな拠点を開設。SDGsの達成を目指す未来創造拠点を整備するなど重要施設が集中しつつある。

この精神は文化芸術を基軸に、多様性、包摂性を重視する人権、更に持続可能な地球環境、社会づくりを一体的に研究実践しようとするものである。隣接する北の菊浜地区は任天堂の創業の地で、アーティストや起業家の創出拠点として整備が大きく進んでいる。この地域の長年の課題であった暴力団事務所も組員数が激減、さらに京都市長が暴力団事務所使用禁止を裁判所へ訴訟を提起し、日本で初めて認められ、全面撤去された。

その跡地も芸術とイノベーションの拠点となってきている。また崇仁の南の東九条地域もかつて、映画「パッチギ!」(井筒和幸監督)の舞台として有名で厳しい課題が山積みしていたが、長年の地域住民と京都市等の努力で大きく改善。既に小劇場「E9」が人気である。更に、来年にはチームラボやニューヨークで人気のアートギャラリー「スーパーブルー」などが設けられ、劇的な変化が進行中である。

京都市内のあちこちに、こうした文化を軸に経済と融合した街づくりが始まっている。京都駅西部の梅小路地区には最近JRの駅が新設され、そこには日本初で約100年の歴史を守る京都市中央卸売市場もあり、有名な京都リサーチパークには５００社６０００人の人が働き、スタートアップ拠点になっている。また「食と、アートと、モノづくり」をテーマに「世界一クリエイティブなまちづくり」が民間の志の高い人々によって推進されている。これら４つの京都駅周辺地区を文化の十字路と呼び、文化都市京都の新しい金看板になっている。

文化・人権・環境・観光とカルチャープレナーで世界の人々の幸せとあらゆる社会課題の解決、持続可能な社会、世界平和を先導する京都

①環境：１９９０年、温室効果ガス規制を規定した人類初の京都議定書が誕生した。京都は環境都市として世界的に有名で、各種の先進的な取り組みは評価を得ている。地球環境学研究所も左京区に設立され環境の研究に余念がない。

②人権：人権問題では「人の世に熱あれ、人間に光あれ」との水平社による日本初の人権宣言は京都で発表された。そして、この度アジア唯一の世界人権問題研究センターを京都市立芸術大学の隣接地に用地確保し学外連携スペースに連携を深めるため移転している。

③文化：共創ＨＵＢ京都を創設する地上8階建てのイノベーション拠点であり、公募により大阪ガス、京都信用金庫、龍谷大学の参画で２０２７年にオープン予定である。この施設は文化を基軸に人と人を結び付け、ＳＤＧｓの達成、スタートアップなど次世代の担い手が活躍する拠点として、京都市立芸術大学との繋がりも含めて期待されている。

④観光：国連の観光と文化の第4回国際会議が先進国で初めて京都市で2019年に開始された。国連世界観光機関（UNWTO）とユネスコの共催、日本では文化庁、観光庁が京都と共に全力投球して頂いた。観光、文化、SDGsをテーマに過去最高の70か国1500人が世界各国から集まった。そこで特別講演し、文化・観光・地域コミュニティの三者が好循環を目指す京都モデルについて話した。その時、「観光・文化京都宣言」が発表された。観光に関しては、市民、観光客、観光事業者・従事者の三方良しの「持続可能な観光」を目指す。またオーバーツーリズムの面では、京都市の「季節、場所、時間」の三つの集中を打破し分散させる方針の具体的施策、成果が注目され評価された。さらに京都市では21世紀になって文化・観光・人権・環境とすべてを先導してきた。また京都市では「文化と観光を融合」させ、多様性を認め合い、包摂性を大切に、持続可能なSDGsの達成を目指す社会、世界平和の維持装置としての役割を果たすべきと観光協会、観光事業者との共同宣言でも明示している、

さて、ベンチャーなどを起業するアントレプレナーは経済を活性するために必要であり、日本の強みであったが、米中欧に後れをとっている。アントレプレナーと共に文化でクリエイティブな事業を起業するカルチャープレナーこそが、これからの日本の復興に必要な人達である。京都市は様々な取り組みを重ねてきたが、2023年10月に京都市と雑誌フォーブスが共同で「カルチャープレナー10選」を開催し、京都に相応しい芸術や食品関係等の若者が選ばれ、表彰された。

さらに、京都ならではの都市特性を生かした取り組みが注目されている。現在の危機に立つ国家日本は全国民の総力をあげて復活しなければならない。このような時に、直球も大切だが、多様性を大切に一人一人

の人間力を生かし、またネットワークを大切にした取り組みを文化の聖地京都から発信し「文化国家日本」として世界平和を先導するものでありたい。

＊　＊　＊

❖今回の取材に際し、門川さんのご自宅に２回ほどお邪魔させて頂いたが、門川さんご自身が市長を退任されても、いまだ京都、特にその文化についての熱い思いが全身に漲っており、圧倒された。市長時代は「精神を尽くし、思いを尽くし」４期も市長を務められたのだと実感した。また京都の文化については、現在NHKの大河ドラマ「光る君へ」が人気を博しているが、私のアメリカ駐在時代にアメリカ人より「ミスター、ツルシマ。１０００年以上前に長編小説が発表されたのは世界的にみて紫式部のThe Genji以外にない」と言われて驚いたものだ。

門川さんは以前京都市の教育長を務められていたが、明治の京都から東京への奠都にかかわらず、現在も京都市が日本の文化の中心として未だ繁栄しているのは、京都市の先人達が、番組小学校に始まり、市民・民間主体に教育と文化こそ京都復活の肝だと力を入れ、これがその後の京都の発展の基礎になったという話をお聞きし、深く感銘した。

2　本当に知恵が磨かれるカナダからの新しい教育

……………小林ヒルマン恭子さん

小林ヒルマン恭子さんは、私の元の勤務先ミノルタのＯＧで、アメリカで第二言語習得学のPh.Dを取得され、現在カナダの名門ブリティシュ・コロンビア大学の専任講師をされている。アメリカ人外交官のご主人の海外赴任に同伴され、世界各国に駐在された国際色豊かな方である。私の友人の元ミノルタ役員から紹介して頂き、小林さんの大学の授業で、私は学生へのチューターを仰せつかっている。カナダの学生は優秀で個性豊かであり、私が教えているおとなしい日本の学生とは大きな違いを感じる。

小林さんの豊富な国際的な教育と研究の実績を踏まえて日本の教育をどう変革すべきかについてインタビューさせて頂いた。

チャレンジ精神旺盛なカナダの学生

私は、ブリティシュ・コロンビア大学で日本語を教えており、釣島さんをはじめとした日本人の先生方には、その授業で学生の興味のある質問に答えるチューターをして頂いている。さすがに名門大学の学生だけに受ける質問のレベルは高い。釣島さんにとっては、次のような3つの質問は特に強く印象に残っているそうである。

①第二次世界大戦後、日本経済は低迷し、国民生活は非常に悲惨なものでした。この時期に最も印象深い出来事は何だったでしょうか？

②もしもバブル経済が起こる前の日本に戻れるなら、釣島先生は何をなさいますか？

③日本の自動車産業は、アメリカ、ヨーロッパ、中国などの国々からのEV車の圧力に直面しています。そして日本の経済規模も減少している現実に対して、釣島先生はどのような政策が日本経済を再び繁栄させると考えていますか？

質問者の一人はアジアの国からの留学生だったが、釣島さんは次のように回答された。

①については、戦争で悲惨な目にあったものの、皆で頑張って復興を遂げたという話をされた。その留学生はこれを聞いて、母国で祖父母や親せきから聞いていた戦争体験と結びつけ、戦争は決して行うべきでないと思ったそうである。

②については、銀行も含め皆が土地さえ買えばよい投資になると信じたためにバブルが起きたこと、生産を海外に移転しすぎて国内が空洞化してしまったこと、銀行の審査が甘く土地さえ担保にあればという考えが悪かったと考えていると回答された。続けてシリコンバレーの金融危機についてはどう思うかという質問があり、資本主義は欲深い人間の甘さが無理を生む危険性が常にあるので、慎重さが必要だと回答された。

③については、日本の自動車産業が遅れている、痛いところを突かれたと思われたそうだが、日本車の車体の内部装飾やきめ細かな乗り心地の良さなど他国が真似できないところもあることを強調された。アニメ

や食文化、また人を大切にすること、幸福についての意識なども日本の長所なので長期的には大丈夫ではないかと考えておられるようだ。

この留学生は、日本経済についてよく勉強しており、釣島さんは、質問のやりとりの中に見せる旺盛なチャレンジ精神に感心されていた。彼はカナダの大学卒業後は日本の大学院に入学し博士号を取得して、将来は母国の政府関係の仕事に就くという夢をもっている。このような優秀な学生に共通しているのは、時代を見据える力があることと、お世話になった方への感謝がきちんと表せることである。

一方、安全・安心に安住し、危機感やチャレンジ精神を失っているいまの日本の若者の中にこのような学生が少ないのは極めて残念に思われているそうである。

AIを超えてクリエイティブな大学教育

Chat GPTなどの生成AIの進歩はめざましいが、AIを使ってレポート作成する学生が増えている。ブリティシュ・コロンビア大学では他の北米の大学と同様、AIの扱いについて様々な意見や考え方が出ている。日本語プログラムでは全面禁止はしないものの、日本語能力の向上や学術的誠実性の観点からもこれらAIの使用に慎重な姿勢を示すべきだ。

なぜAIを使うと問題なのかは、以下のように指摘されている。

①ネット上からの寄せ集めの情報なので間違いも含まれている。

②Chat GPTの情報はいつも最新というわけではないので、ある年以降の情報は不正確なまま表示される

可能性がある。
③倫理的な判断ができず感情も反映していない。
④非現実的な画像もあり、技術的に未完成である。
⑤遠隔教育を始め自宅で課題を行う際、インターネットＡＩを使いカンニングができる。
学生がＡＩを使ったかを見抜くソフトもあるが、また新しいＡＩが出てきてイタチごっこになっており、教員の方でも情報の正誤を見抜く技術が必要である。結果的にＡＩが得意な分野の作業はＡＩに任せ、クリエイティブな作業は人間がすべきだという考え方を教え、実践活動を行っていくのが今後の大学教育での課題だ。

アメリカの学生は批判精神が旺盛で、すぐ文句を言ってくる。しかしここから議論が始まり問題解決に向かっていくのがアメリカの良さである。一方、カナダの学生は一般的におとなしく根気強く、文句はほとんど言わない。優秀な学生は粘り強く耐え、洞察力を磨き、そこから飛躍するような印象がある。一般的に北米の大学教育で伸ばすことを期待されている能力は、①批判的思考、②問題解決能力、③パーソナル・コミュニケーション、④チームで働けること、⑤困難があっても耐え抜き跳ね返す精神的弾力性、の5点である。アメリカ人や中国人はこれらを実践しやすい文化があるが、「出る杭は打たれる」という言葉の通り、日本人にはどれも苦手であることが残念だ。日本はチームで働くことに慣れているが、「出る杭は打たれる」という文化の中、目立つことを避け、批判的に物事を見たり、問題を個人が率先して解決しようとしたりする姿勢を養成するのは難しい社会だと言えるだろう。しかし、今後国際社会で生き残るには、このような考え方を持った相手と向き合った時にどうするかを考えていくことが必要かもしれない。

経験することで本当に理解でき知恵が磨かれる

日本の教育は知識を習得することが目的であったが、知識を身につけるには実際に経験することが必要である。経験を重ねることで知識が知恵に変わり、実社会での問題解決能力になる。このような観点からの教育プログラムが近年盛んになってきた。それはExperiential Learning（経験や行動を通じて学習するプロセス）というもので、現実社会で実行する課題（タスク）、例えば学生に銀行に行って実際に口座を開かせたり、壁にペンキを塗るなど本当の経験をさせる教育である。

理解とは自分の経験に基づくものであり、見たことがないものは想像できない。本当に理解するという意味が重要である。それは相手と同じところにいると考えることであり、単に見てきただけでは、その土地を本当に理解したことにはならない、そこに住んで初めて本当に知ることになるからである。

実例をあげると、2012年に駐リビア米国大使が殺害された後、アラビア語の学び方が変わったという。テロリストに遭遇した時に命を守るにはどのようなアラビア語を理解していればよいかという点に重点が置かれたのだ。これがReal World Learningだ。

このExperiential Learningから一歩進んだものにTask-Based Language Teaching（真正な言語を使って意味ある課題を達成するという教授法）がある。例えば、語学の勉強で、医者を訪問する、インタビューする、顧客へのサービス等実際のタスクを入れて教える方法だそうで、この教授法の研究でPh.D.（博士）を取得した。

日本語の敬語の使い方について、教室の中では上下関係や親疎関係を作るのは難しく、架空の設定になりがちである。本当に学生がそれを感じて、敬語が使えなければ恥ずかしいと思う経験をしなければ、本当に敬語が使えるようにならないのではないかと考えた。言語を適切に使用できるようになるには、その言語の後ろにある文化が理解できなければわからない。日本文化や時代背景などを説明しながらの授業が必要だ。

＊　＊　＊

❖数年前からカナダの名門校のブリティシュ・コロンビア大学の日本語授業のチューターをさせて頂いている。小林さんは座学による授業だけでなく、原住民の人々が元々住んでいた場所にキャンパスの各種施設があり、それを紹介しながらの授業も行われていた。新渡戸記念庭園も学内にあり、日本とのご縁を感じた。

また授業の進め方は大変合理的で奥深く、感銘をうけたが、それは小林さんが米国の外交官夫人として多くの国々に赴任された国際経験から出てくるものであった。クリエイティブな授業として考えられるものとして、①小林さんの日本語授業のように、ビジネスを経験した人達と議論し、それをまとめて、後で発表会をする。②北米の大学のインターンシップのように、一般社員と一緒に働く経験を付けさせる。北米のインターシップは自分の実力を磨くための真剣勝負であり、入社する企業に自分の実力と希望給与を提示して交渉するという。日本のインターシップとは随分異なっている。

3　先進でフレキシブルのあるアメリカの教育事情

……………………………………西村裕代さん

西村裕代さんは神戸出身で、１９９４年に渡米されオハイオ大学など多くの大学で研究され、２０００年より名門のイエール大学東アジア言語・文学部の上級専任講師を務められている。ブリティシュ・コロンビア大学の小林さんより紹介されたのがご縁で、日本に帰国された際にお会いした。今回もアメリカでの様々な教育に関するご経験をお伺いした。

オープンな教材による教育

最近ＯＥＲ（Open Educational Resource）と言って、オンライン上でいろいろなツールを使って学習に必要な教材を無償で提供するプログラムが盛んになってきた。ＯＥＲは移民だけでなく、世界中の幅広いユーザーに使われている。ユネスコは、「すべての人々が情報や思想を求める権利、教育を受ける権利」があるとして、ＯＥＲを促進している。移民など教科書を買うのが困難な人達などに提供されている。このプログラムについてはＭＩＴ（マサチューセッツ工科大学）やスタンフォード大学が先行しているが、イエール大学でも今年度学期を通してＯＥＲについての研修があり、学期終了後はＯＥＲを作成する研修があった。その研修では特にＡＩを駆使してＯＥＲ教材を作成することが求められ、例えば、ChatGPT-4.0や、Copilot、Gemini

などを使い、教案を始め、練習問題、テキストで書かれている内容を描写するイメージやビデオなどを作成し、ＯＥＲに掲載するといったプロジェクトを行った。今後ＯＥＲを更に発展させ、ＡＩを有効利用できるような技術が教員にも求められている。

また、今までアメリカの学生はＰＣは多用するが、スマホをあまり使わないと言われていた。しかし、最近のＺ世代（１９９０年代半ばから２０１０年代前半に生まれた世代）の若者は、込み入ったことが嫌いで、ＰＣよりスマホを多用するようになってきている。例えばAnkiというツールは絵や文字などが書かれたフラッシュカードをめくって覚えるためのものだが、無料版はＰＣにダウンロードして使える。しかし、彼らはＰＣへのダウンロードには手間がかかるので、スマホで見られるQuizletのようなアプリの方を好む。そのため、フラッシュカードのプラットフォームもQuizletに変更し、教材を作成した。

アメリカの学生と日本の学生の大きな違いは、アメリカの学生は競争社会に生き残るため、人生目標をしっかり持っている人が多い。イエールの学生達は、リベラルな人が多く、医者や弁護士といった従来尊重された職業ではなく、どんな分野でも世界を引っ張っていくリーダーを育てる環境が整っている教育機関だと言える。例えば、ドラマスクール、フィルム、ＭＢＡ、コンピューター科学、音楽、経営・経済学を卒業してウォール街で働く、人類学、天文学など。お金や名誉など気にせず、自分の好きなことをやっていて、それがいつのまにか世界レベルになっていて、世界を引っ張っているということが多いような気がする。

最近、日本からのビジネススクールへの留学生が増えたが、以前のように企業からの派遣ではなく、会社を辞めて自費で留学してくる学生が多くなった。円安傾向では学費調達は大変である。

教員への勤務評価が厳しいアメリカの大学

日本では大学教員の勤務評価は厳しくない。筆者の勤務先の大学でも、私が学部長をしていた時に昇進や給与には反映しない形式的な勤務評価を実施したことがあったが、現在は廃止されている。他大学でも同様なように思う。

アメリカの大学は任期制が多く、教員は毎学期評価され、これが給与や昇進に反映される。イエール大学で毎学期に行われている勤務評価は、①担当のコースがうまく運営されているか？　他の授業と比較して知的なチャレンジはどうか？　先生のフィードバックの仕方など10項目に渡り5段階評価をされ、②一方で、学生から教師の授業への評価コメントをもらう。いい評価をもらうためにはいい授業をしなければならず、そのために毎日の授業準備に膨大な時間をかけている。

森鷗外の短編「高瀬舟」を教材にした時のことだ。作品を読ませた後、①安楽死→②法律→③死刑制度→④再生医療（ＩＰＳ細胞）→⑤倫理問題（クローン）→⑥地域別比較→⑦宗教といった手順で話を発展させながら学生とディベートを行い、彼らの知的欲求を喚起させ、高評価を得た。

学費の高いアメリカの大学と奨学金制度

アメリカの大学の学費は日本に比べ驚くほど高い。２０２４年度のハーバード大学やイエール大学などのアイビーリーグの学費は９万ドル（１３００万円）に迫っている。釣島さんのお孫さんが通学している州立のデラウエア大学でも２０２４年度の学費は５万７３５８ドル（８６０万円）にもなる。

高い学費のために「教育ローン」を利用する人も多いが、その返済に苦しんでいる人もまた多い。救いの一つが奨学金である。各大学や企業がいろいろな名目のもと奨学金を用意しており、意欲ある学生が次々とチャレンジしていく。学業成績だけでなく、スポーツや芸術面での活躍、学校以外のボランティア活動なども重視され、論文と面接で「自分にはこのような夢があり、大学でこんな勉強をしたい」などのプレゼンテーションを行う。支給する方も、奨学金は優秀な学生に対する投資と考えており、当然投資効率の高い学生に給付されることになる。

私の息子はコネティカット大学を卒業したが、①親がイエール大学に勤務している関係で同校からの奨学金、②「ニューヘブン・プロミス」というニューヘブン市在住の子弟を対象としたイエール大学と共催の奨学金、③ＲＯＴＣ（アメリカの士官養成コース）受講生への国からの奨学金、この３つの奨学金で学費はほとんど賄われた。

＊　＊　＊

❖西村さんは名門のイエール大学の教員をされておられるが、大変気さくな方で、学生や大学の実態などをフランクにお話しして頂いた。しかし名門大学の優秀な学生に有益な授業をするために、いろいろの工夫をして研鑽されていたことには感心した。

アメリカでもこれから優秀な学生が日本に興味を持ち、一人でも多く日本語を勉強してくれることを期待したい。

4　日本の学生を蘇えらせる、シリコンバレー研修

……………………友永哲夫さん

友永哲夫さんはコニカミノルタOBで、現在、NEDO（国立研究開発法人新エネルギー・産業技術総合開発機構）のアドバイザーで、シリコンバレーと日本を結ぶコンサルタントとして活躍している。同時にJABI（Japan America Business Initiatives）の理事として、シリコンバレー研修や以前の大阪での「シリコンバレー報告会&ミートアップ」を主催し、大いに成果を上げた方である。

日本と違うシリコンバレーの刺激的な研修についてインタビューさせて頂いた。

シリコンバレー研修の趣旨

私は、JABIの理事として、日本の学生を対象とした意識改革のためのシリコンバレー研修に深く関わってきた。鹿児島大学の学生が参加し、2020年より3回、6日間の研修を実施。

この研修はもともと中小企業を啓蒙しようと始めたもので、「若い時から学生達に、日本と違うのは失敗を恐れずに自分のやりたいことをやる、自分が何をやりたいか、何をしたいか、固定概念を外してやりたいことを見つける」ことを目指したものであった。

研修に参加した学生と下記のようなプロセスで対話を重ね、どうしてこの研修が必要なのかについて理解を深めた。

「日本ではそれが分からないが、外から日本を見て、何が問題かをみんなで議論して、その問題をどう改善するかを考える」。

さらに、「そのアイディアをどうしたら事業化することができるか？　それをマネタイズして、どういうビジネスを自分で始めるか」、「アイディアと言っても、今までの常識から飛び出した奇想天外なアイディアを出すように指導して、荒削りなアイディアを全員に出してもらい発表する」。

「進め方としては、２～３人が一組になる。協調性を養うため一人だけではだめで、チームを組んで、アイディアを提供して５つ程度の組にまとめる。そして事業アイディアを最後の日に発表する」。

「他でも行っている一般的なビジネスプラン作成研修でなく、今まで考えたことがないビジネスプランを発表させる」。

学生からは、「参加者の８割以上は今まで考える機会がなかったビジネスプランを考えるのが楽しかった」との意見が出たが、このような奇抜なプランを出すと、日本では上司や先輩が過去の経験から「日本ではそんなものは成功しない、昔こうやったがダメだったと、彼らの経験を話して、くさす」。

しかしシリコンバレーでは逆で、「批判からでなく、ユニークなアイディアの意見を評価し褒める」。日本では議論するとき「あほなことをいう」とネガティブから始まるが、シリコンバレーの議論のやり方は「ノーやバットでなく、イエスかイエスアンドと建設的な意見を言い、今まで考えられないアイディアを構築させ、実際に実行する」。

常にチャレンジし、「失敗という言葉はない。日本から見て失敗はプロトタイプとみなす。それで失敗は当然で、それをどう改善していくかを考える。日本では90％完成して商品をだすが、シリコンバレーはスピードを重視し、先行者優位の考え方でベンチャー・キャピタルがこれを後押しする」。

「湧き出たアイディアを尊重し、荒削りのものを早く出し、ダメなら即座に次のものに変えていく」。

「一般的に日本は開発予算が少なく、少人数で時間をかけて開発するが、アメリカではアイディアがあれば、時間と金をつぎ込んで、スピードを重視し、失敗を恐れない」。

スタンフォード大学の先生は学生に「もう失敗したか？　と聞く。失敗は当たり前で、失敗してないのは、やっていないことだと考える」。

シリコンバレー報告会でも、「あなたは最近失敗しましたか。どうして失敗していないのか？　本来やりたいことをやってないのではありませんか？　別の遠回りの方法をとっていませんか？　正面からぶつかっていきなさい」と問いかける。

「赤ん坊は立つまで何回こけていると思いますか？」

また「日本はホモ・ジニアスで多様性に欠けている。もっといろんな人種の人といろんな議論をすると、これがおかしい、ここが違うなど、こんな考えもあるのかと気づく」。

「多様性を持って商品開発も最初から全世界向けに、どこの国でも売れるものを事業化する」、「日本人の知性をもって渡米して、幅の広いモノの見方をして、違うことにぶち当たっても、寛容と熱意があれば成功する」。

「肝心なことは、日本人は周りを気にしすぎ、自分は何をやりたいか、自分の考えを言わないのが問題である」。また若い人も「両親や近所の評判を気にして、就職も大企業や公務員になり親が喜ぶ職業を選ぶ」。

「これからは会社もどんどん淘汰されるので、自分が何をやりたいかをみつけ、目標を持って勉強すると能力の伸びも早い」、「アメリカ人はレイオフされても、自分の得意なアセットを自分に持っているが、日本の社員のアセットは会社に行っている」。

「自分の価値や看板を持てば、流動する産業形態や、どこの職場にでも対応できる」、「ダイナミックに変化する状況に素早く対応し、自分の能力を伸ばす時代である」。

シリコンバレー研修の参加者の感想

このようなシリコンバレー研修の参加者からは、下記のようなポジティブな感想が述べられた。

A氏「日本で過ごす5日間とは比べ物にならないほど刺激的で濃密であった。「挑戦したい」という気持が胸の中に大きくある。世にはない斬新なアイディアで成功を収めた〝失敗を恐れずに新たなことに果敢に挑戦し続ける姿勢〟に感銘を受けたが、この失敗を恐れない精神はシリコンバレーで働く方々に通じるものがある。そうした精神はいかにして作られるのか、経験を通じて自らの中に吸収するためにこの研修に参加した」。

B氏「様々なアクションを通して、自分たちが多くの固定概念に惑わされていることに気付かされた。自分たちは何か新しいことを始める際、どうしても従来の考えに縛られ、変化することに戸惑いを覚えてしまいがちである。だがこのレッスンを通じて、今までより柔軟な思考を手に入れたことで、新たなことに取り組むことが容易になるであろうと感じる。失敗を恐れない精神を作る土台となる、非常に為になるワークショップであったと思う」。

C氏「この研修中に様々な企業を訪問させていただいた。どの企業にも共通していたのは、〝世の中のニーズに応えたい〟という想いである。世界で起きている問題にどう貢献したいのか、こうした熱い想いがなければ企業は続かない。これからの個人は時代の変化に敏感になり、世で必要となるであろうことをキャッチする力を身につけていくべきだと感じた。日本とシリコンバレーの違い、女性が活躍するために必要なこと、人生の目的、など私たちが社会で生きていく上で非常に活きてくるお話ばかりであった。こうしたお話を直接自分で耳にすることは、インターネットやテレビで見聞きする言葉よりもずっと心の中に響く。大変貴重な機会であったと感じる」。

D氏「このプログラムの中で数日に渡って作り上げたのがビジネスプラン。今はどういう時代になりつつあるのか、人々が求めているモノは何なのか、を自分の中で必死に考えた。そして生まれたアイディアを元にチームが構築された。私たちのチームは、人がそれぞれ持っている、〝相手に何かをしてあげる力〟つまり〝ＧＩＶＥ力〟を数値化することによって作られる新たな家族像を提案した。ＧＩＶＥ力はＪＡＢＩの講演の中で学んだ言葉だ。技術の進歩によって人間は便利になる一方、人間同士の繋がりが薄れてきたように感じる。人と人との繋がりを、現代の進歩する技術を用いることで強められると良いなという想いでこのプランを作りあげた。ビジネスプランを作るのは初めてであったが、世の中をどうしたいのかという想いを大事にして考えあげることが出来た」。

成功した大阪での「シリコンバレー報告会&ミートアップ」

ビジネスでシリンコンバレーを経験した方や、大阪市、神戸市に関係して経産省が始めた研修などでシリコンバレーに来た方に、「シリコンバレーで何を学んだか」を話してもらう「シリコンバレー報告会」を主宰した。この会は大阪府の外郭団体の支援で２０１６年からＯＩＨ（大阪イノベーションハブ）で始めた。

登壇者がシリコンバレーの経験を発表する会であったが、参加者は毎回50人から90人もおり、コロナ禍前までで合計15回開催した。学生に司会・受付・準備などの運営を行ってもらい、登壇者の一人は学生にしていたので、参加者の約２割が学生であった。講演のあとの交流会も活気があり、「やっぱり対面がよい。オンラインではネットワーキングは不十分だ」と関係者からも大いに賞賛された。

この会の成果の一例は、①司会と運営に尽力してくれた女性は沖縄でスタートアップにかかわっている。②運営でリーダー的存在の男性はフランスで起業した。③大阪大学の研究生で液晶レンズを使ったメガネ関連の事業はＮＥＤＯが支援するようになった。④Facebookグループの「シリコンバレー関西ラボ」はイベントに参加し、シリコンバレーに関心のある人が現在７００人以上会員登録されており、シリコンバレーの情報を提供している。

この会の本来の目的は「シリコンバレーへ行くことや起業することを目的にしているのではなく、意識の高い人が集まることにより、新しいチャレンジやつながりを生み出す」ことであったが、この目的は充分達成されたと思う。

＊　＊　＊

❖以上のように、日本の学生でも場所を変えて、実際にシリコンバレーの実態をみてその研修を受けることで大きな刺激を受け、意識改革できることは驚きである。私の経験からしても、駐在員の子弟でもアメリカに残り教育を受け仕事している人達をみると、日本で仕事するのとは違い、意識変革して大活躍している人が多い。これをみると、日本の「ゆでガエル」の世界を離れてアメリカの環境で仕事することで、本人も意識改革して大活躍できるのは、本人のもともとの素質よりも環境の与える影響の方が大きいのではないかと思う。

5　世界全体から見た日本の大学の教育・研究活動の遅れ

……牧野松代さん

牧野松代さんは京都大学卒業後、数年間の会社勤務を経て、１９８０年代、トータルで約5年半アメリカに留学され、デトロイトの大学で修士号を、ボストン大学で博士号を取得された。主専攻は開発経済学という当時は新しい分野で、発展途上国の経済発展のメカニズムや地球規模の貧困・南北格差・環境問題を扱われていた。

帰国後、国際協力の総合シンクタンクである財団法人国際開発センターの研究員となり、主に東南アジアと中国で日本政府のＯＤＡの一部である開発調査に従事した。その後、神戸商科大学（現兵庫県立大学）などで24年間教授を務め、現在は再び国際開発センターで研究顧問としてサステナビリティ、ＳＤＧｓの教育・研修に主に携わっている。

私は関西ベンチャー学会を通じて多くの示唆を頂戴している。

グローバル化が進んでいたアメリカの留学経験

日本の大学・大学院レベルの高等教育でのグローバル化は遅々として進まず、進展しては停滞するという繰り返しである。私（牧野）の体験を振り返ると、現在は3度目の波を迎えているように思える。

１９８０年代の留学当時、日本からの留学生は語学留学か、企業から派遣されたＭＢＡ取得目的のビジネススクール留学が大半で、専門分野の自費留学生はほとんどいなかった。デトロイトの大学院（経済学修士課程）とボストンの大学の大学院（経済学修士課程）の一年目では日本人留学生は自分一人であった。

大学では開発経済学専攻の関係もあって、アジア、ラテンアメリカ、アフリカから多くの学生が留学していた。当時、指導を受けた教員もイギリス人、ドイツ人、オランダ人、インド人、メキシコ人などさまざまで、国連のような教員・学生のコミュニティの中で、イラン・イラク戦争などの本国での戦争や外交関係、宗教の違いも関係なく、平和で自由な雰囲気で勉学ができた。しかし、コースワーク（単位修得課程）を終える頃に中国で天安門事件が起こり、中国人同級生の多くがこれに抗議し、米国に残る道を選んだ。

幸いなことに大学からは奨学金を得て、さらに学部生へのティーチング・アシスタント（ＴＡ）などにも従事し報酬も支給された。アメリカの大学院では人種・出身地や男女の差別はほとんどなく、グローバル化という点では世界で最も進んでいたと思う。

外国人教員採用・待遇の差別がある日本の大学のグローバル化の遅れ

アメリカ留学中は、人種や出身国の異なる教員・学生がいることが当たり前の環境で、アジア人や女性であることに違和感はなく、勉学できた。ところが、留学が終了して日本に帰国してみると事情が違った。とくに大学教員になってからは、高等教育においての日本のグローバル化の遅れを痛感した。留学生も多くはなく、出身国が近隣で日本語習得の面でも優位がある中国人学生に偏っていた。特に問題と感じたのは、上智大学や国際基督教大学などの私立大学では外国人の教員がかなり在籍していたのに対して、国公立大学には外国人教員が極めて少なかったことである。

この事情の背景には、国公立の教員は国家意思の形成に参画する公務員であるため日本国籍を有する人でなければならないという、戦後の政府の見解があったと考える。

ようやく昭和51年（１９７６年）になって、国際的に優れた外国人研究者を国立大学に招聘できる「外国人特別招聘教授」制度ができたが、更新は可能とはいえ原則1年以内の契約によるという制約があり、あまり実効性がなかった。昭和57年（１９８２年）になって議員立法で「国公立大学外国人教員任用法」が成立し、外国人教員の任用への途が開かれた。この結果、外国人教員は昭和58年（１９８３年）には４人、その後徐々に増加し、平成7年（１９９５年）7月の文部省調査では、国立大学及び共同利用機関などに９８６人が採用されていた。

このように、遅ればせながらも外国人の教員採用の途が開かれたとはいえ、その運用においては大きな制約があった。たとえば、学長、副学長、学部長などの要職には外国人が就任できないという規定があり、外国人教員は語学の教員などが多かった。また、外国人教員はごく一部の機関を除き3年を一区切りとして、研究プロジェクトの期間にあわせて5年にするなどの任期制の制約もあった。これらは法律が強制したものではなく、大学側が自主的に定めた規定であった。

１９９０年代は日本の大学に最初のグローバル化の波がやってきた時期で、大学名に「国際」を冠する私立大学が21校、国際学部、国際文化学部など「国際」を名乗る学部を持つ大学も国公立４校を含み34校にのぼった。

当時私は岡山の小規模の女子大学に勤務していた。その大学には外国人の教員が多く、博士号を持つ3人も含めて単一学部に5人が在籍していた。これには1990年代初頭に東西の壁が除かれ旧東欧から日本に赴任する教員が多かったことも一因としてあると思われる。しかしある時期、退職する教員が相次いだ。東ドイツ出身の女性教員は、岡山大学に勤務していた夫が任期満了後契約更新されず、帰国を余儀なくされた。中学生の男の子がいて、5年の日本滞在の間に夏目漱石の小説を読むほど日本語が堪能になっていた。周囲からはいつまでも外国人扱いをされたままだったのに、帰国に備えて今度はドイツ語の特訓をしなければならなくなった。

世界大学ランキングの低い日本

2000年代に入ってから、小泉政権時代の「大学（国公立大学）の構造改革の方針（遠山プラン）」で、「活力に富み国際競争力のある国公私立大学づくり」が謳われ、「国公私トップ30を世界最高水準に育成」することが到達目標とされた。大学のグローバル化の第2の波ともいえる。

そして2010年前後からは、世界の大学ランキングの登場や中国の大学の台頭によるアジアを含む大学間の国際競争が激化した。「留学生30万人計画」や「大学等のグローバル化の推進」のため、国際化拠点となる大学の選定と重点的育成、専門科目での外国人教員の採用など、従来に比べ、踏み込んだ形で拠点候補の大学への重点的支援の方針が打ち出されている（大学のグローバル化の第3の波？）。

２０２４年現在の世界大学ランキングは表の通りである。国内トップの東大でも世界28位、アジアでも６位と極めて低位であることは誠に残念なことである。

日本の大学のランクが低い理由は、研究に対する評価が高水準であっても「国際化」に関する評価が低かったからである。それにはいくつかの要因があったと思う。①上述のように、外国人の大学教員の任用が少なく、大学のコミュニティがまだ閉鎖的であること。②隣の韓国でもグローバル化を標榜して英語の授業を増やしているが、日本では日本語での授業が多く、英語の授業が圧倒的に少ないこと。③海外で大学教授の経験があれば他国でも教授になれることが多いが、日本では先に述べた特別の外国人教員任用制度によって、日本人のように定年までの終身雇用には制約のある場合が多いことなど。これらは相互に影響しあった結果、日本人研究者の国際コミュニケーション能力が向上せず、海外との共同研究を阻害する要因ともなり、ひいては今日のグローバル化した世界での大学の教育・研究能力そのものをも衰退させることにつながっているように思える。直近の大学世界ランキングでは、海外雑誌への投稿や論文引用

QS世界大学ランキング2024

世界	大学名	国・地域
1位	マサチューセッツ工科大学	アメリカ
2位	ケンブリッジ大学	イギリス
3位	オックスフォード大学	イギリス
4位	ハーバード大学	アメリカ
5位	スタンフォード大学	アメリカ
6位	ｲﾝﾍﾟﾘｱﾙ・ｶﾚｯｼﾞ・ﾛﾝﾄﾞﾝ	イギリス
7位	チューリッヒ工科大学	スイス
8位	シンガポール国立大学	ｼﾝｶﾞﾎﾟｰﾙ
9位	ﾕﾆﾊﾞｰｼﾃｨ・ｶﾚｯｼﾞ・ﾛﾝﾄﾞﾝ	イギリス
10位	ｶﾘﾌｫﾙﾆｱ大学ﾊﾞｰｸﾚｰ校	アメリカ

アジア（世界）	大学名	国・地域
1位（8位）	ｼﾝｶﾞﾎﾟｰﾙ国立大学	ｼﾝｶﾞﾎﾟｰﾙ
2位（17位）	北京大学	中国
3位（25位）	清華大学	中国
4位（26位）	南洋理工大学	ｼﾝｶﾞﾎﾟｰﾙ
4位（26位）	香港大学	香港
6位（28位）	東京大学	日本
7位（41位）	ソウル大学校	韓国
8位（44位）	浙江大学	中国
9位（46位）	京都大学	日本
10位（47位）	香港中文大学	香港

（クアクアレリ・シモンズ　世界大学ランキング2024）

などのデータが重視される「研究の質」においても、日本の大学の評価が低くなっている。

大学在職中に感じたもう一つの問題は、ジェンダー・ギャップである。京大（法学部）の学生時代は女子学生は学年に2名か3名しかおらず、女子トイレもなかった。就職も一般企業は学卒女性をほとんど採用しておらず、男子学生が20社以上の求人案内を受け取っているのに対して、女子学生は2社程度であった。

現在はこのようなジェンダー・ギャップは縮小に向かっているが、①政治家、企業の役員、管理職の女性が外国に比べて極めて少ない。②専業主婦が少数派となり、女性の大半がなんらかの形で働いているが、非正規の社員が多い、賃金や昇進における差別があるなど、まだ格差解消には程遠く、ワークライフ・バランスの実現も難しい。大学にも女性が社会で置かれているこのような状況が反映されている。③女性は理系が苦手という偏見や女性のＳＴＥＭ（科学・技術・工学・数学）教育を軽視しがちな生育・教育環境がある。このことは女性研究者のキャリア形成を阻害するだけでなく、大学の教育研究全体の活性化を阻む要因にもなっていると思う。

日本で珍しい沖縄科学技術大学院大学の先進的な取り組み

日本で例外的にグローバル化が進んでいる大学の例として、沖縄科学技術大学院大学（ＯＩＳＴ）が挙げられる。同大学は政府の沖縄振興策に位置付けられ、「沖縄科学技術大学院大学学園法」に基づいて開校された。内閣府沖縄振興局所管の下、２０１１年に学校法人沖縄科学技術大学院学園が設立され、ＯＩＳＴは同法人により設置・運営されている。5年一貫制の博士課程を有する大学院大学であり、50カ国以上の国から研究者が集まり、垣根を超えて研究協力を行っている。ＯＩＳＴの理事長兼学長は、ノーベル医学賞受賞者のシドニー・ブレナー博士（初代）から現在の3代目カリン・マルキデス博士まで国際的な外国人科学者であり、その他の役員・大学幹部の過半数も海外出身者である。

２０２３年6月現在、19の国・地域からの教員87名のうち62％は海外出身、これらを含め６３３名（うち海外出身者62％）が研究に従事している。学生の80％は52の国・地域からの海外出身者で、ＯＩＳＴは学生が勉学に専念できるよう、学費を無料とし、生活費として年額約２４０万円をリサーチ・アシスタントシップとして全学生に支給している。

２０１９年に、英科学誌『ネイチャー』を発行するシュプリンガー・ネイチャーが「ネイチャー・インデックス２０１９」を発表した。研究機関の規模で調整（normalize）した質の高い論文の発表割合や貢献度を反映させた研究力ランキングで、ＯＩＳＴは世界10位、日本国内トップとなった。同誌は「日本で最も多様性のある研究機関の一つ」と評価し、教育研究のほとんどが英語で行われていることも紹介した。

学校区分では私立大学にあたるＯＩＳＴだが、沖縄振興計画の重点政策として位置付けられた経緯から、政府の沖縄振興予算のうち毎年２００億円ほどが割り当てられている。ＯＩＳＴの潤沢な教育研究費が研究力評価につながる成果につながっているのは事実だが（現在は外部資金の調達など自主財源整備もめざす）、この大学を生み出した原動力とともに、大学の構造や研究・教育の進め方の「斬新さ」（しかし海外の有力大学では当たり前）の方に注目すべきであろう。

２００１年に内閣府特命担当大臣（沖縄・北方対策、科学技術政策担当）となった故・尾身幸次氏は、「沖縄を将来にわたって発展させていくための施策」と「科学技術の力で日本を創りなおす」という二つのアイディアをもとにOISTの設立を構想し、世界中の一流大学を訪れて成功の秘訣を学び、著名な科学者と会って意見を聞き、初代学長・理事長を含む何人かの科学者を実際に設立委員として招聘した。この設立委員会の企画会議を通じて特別措置法ができ、それに基づく大学の創設に至ったという。

「プロジェクトではなく人材に投資するという決断と研究者への5年間の安定的な研究費により、メインストリームの研究が採択されがちな競争的資金では困難なハイリスクな研究も可能」、「学部の別による異なる科学分野間の垣根がなく、学際的・創造的で情熱を傾けられるような高度な研究を行う自由と柔軟性」、「フラットな交流と風通しの良い研究環境」などの研究者自身の感想がその特質を示している。

日本には福島県の会津大学（コンピュータ理工学）と秋田県の国際教養大学（リベラルアーツ）という、少人数教育が可能な公立単科大学でも、沖縄科学技術大学院大学と同じ方向をめざす意欲的な教育が行われている。国公立大学には国からの科学研究費や大学運営費の減少、「選択と集中」に基づく傾斜配分、自治体財政の逼迫による財政難、若手研究者の処遇など共通した多くの困難な問題があるが、これらの解決とともに、ここに例を挙げたような大学をモデルとして、大学自体に深く根付いている閉鎖的な体質を打ち破り、国際性とダイバーシティに富んだ開かれた大学となってほしいと思う。

＊　＊　＊

❖「ガラスの天井」という男女差別の言葉がある。牧野さんは少ない女性の研究者として、まさに男女差別の壁を破って成功された方であるが、上品な雰囲気の先生である。しかし、本職の教育や研究に関しては大変真面目に実績を上げてこられ、私は大変尊敬している。それにしても牧野さんが言われているように、日本は近年、政治や経済だけでなく、大学の研究活動においても他国に遅れをとっているようで、これから何とかしなければいけない課題であると痛感した。

6　グローバル時代に向けた日本の教育改革

……………宮崎哲人さん

宮崎哲人さんは、１９８３年に非営利団体「ユートレック国際交流センター」を設立、後に「ＮＰＯ法人ユートレック」と改称し、海外の青少年教育機関と提携して異文化生活体験や自然環境教育などの国際教育交流を推進され、同時にリーダーシップ・トレーニング、国際サマーキャンプ、高校留学支援など、世界に目を開く青少年の育成を目標に多くの活動を主宰してこられた。

今回はグローバル時代の日本の教育改革についてお伺いした。

失われた30年を知らない現代の若者

この団体ではこれまで若者達を海外に６０００人以上派遣し、海外から２０００人を来日させ、交流を行っている。アメリカやカナダでのホームステイや合同キャンプに参加した若者達は、日本人と違う考え方や生き方に触れ、大きな感動を受けると共に視野を広げてきた。若者達が変わっていく姿を目の当たりに見るのが、活動の原動力になっている。

海外での体験が思い出として終わることなく、広い世界に関心を持ち続けて、日本や世界のために貢献する未来の開拓者に育つことを企図した。そして海外プログラム参加経験者である高校生、大学生を対象にリーダーシップ・トレーンングを始めてから38年になる。

「失われた30年」という言葉が、国際為替市場での円高傾向、デフレと日本経済の低迷などの代名詞として使われ始めた頃、リーダーシップ・トレーニングの年間テーマに取り上げることになった。ほとんどの若者達は「失われた30年」の言葉さえ知らなかったので、それぞれに調べさせた結果、若者達の第一声は、「これは日本がやばい」だった。はじめて日本の現実に気が付いた。

日本社会の中で日常的に起きている重要な事実を、多くの家庭や学校では教えていないようで（もちろん例外もある）、若者達には思考の対象外となっている。先生達は指導要領に沿った授業でそんな余裕はないのかも知れない。アメリカやカナダでは、社会と繋がった多様な考え方の教育を実践しているが、日本は学校も塾も入試に焦点を当てる固定した教育が時代を超えても変わっていない。

日本とアメリカ、カナダの学校教育の違い

学校教育の違いを一言で言うと、日本では生徒を様々なルールの中で管理しながら、テストをしたら答えが決まっているインプット（知識や情報を入力する）を主体とした教育が行われている。まるでクッキー・カッター（クッキーの型抜き器）で同じ仕上がりを期待しているかのような印象を受ける。アメリカ、カナダでは、インプットに加えて、個々はみな違うことを前提に、30人いたら30通りのアウトプット（自分の意見を発信）をさせて、それぞれの個性を尊重し、より自由な発想に価値を置いた教育がなされている。子供達は小さい時から意見が求められるので、考える力もつく。自分が認められるので、将来はこんなことが出来るの

ではと希望を持つようになる。

最近、名門女子校として知られる日本の私立高校で、校則が厳しい、授業がつまらないので息苦しい、などの理由で不登校になっていた生徒2人が、カナダの公立高校に留学した。まるで水を得た魚の様に生き生きとして、学業で優秀な成績を修めるばかりでなく、スポーツやフィルムメーカー（映画作り）子供国連の学校代表に選ばれるなど素晴らしい活躍をした。周りの生徒が普段考えていることが、日本の生徒達と大きな差があり、刺激を受けた。そしてこの6月、2人とも卒業して帰国している。自分が将来何をしたいかが見えてきたと言う。ひとりは「グローバル化と小さな文化の保護」について研究するために日本の大学への受験を始めた。他のひとりはイギリスの医科大に進む準備をしていると言う。今まで多くの留学生を見てきて、環境が人を育てるという言葉どおりにその才能や活力が引き出されて、進路に明るい希望を見出している。

アメリカ、カナダの高校では、大学レベルの授業の単位を取ることも出来る。例えばミクロ経済学ではインベストメント（投資）についても学ぶので、より実社会の経済活動と密着していると言えよう。選択科目も、様々なジャンルの音楽や自動車の修理など、日本ではクラブ活動と見なされる科目も正式科目として認められて、専門の先生が指導している点も日本と異なっている。

これからの日本復活はグローバル時代への教育改革だ！

教育における日本復活のキーワードは、Step out of comfort zone（自分の慣れ親しんだ領域や考え、あるいは固定観念から踏み出す）とFirst-hand experience（直接の体験）だと言う。

日本は世界に誇る長い歴史と文化を持つ国であるが、「日本人だから当然」とのことで、学校でも過去のことを生徒に教え、反復し、継承させるのに膨大な時間を費やしている。しかし、未来を生きる子供達が、これから何が必要かを学ぶ機会が少ない。そういう意味で、長きに渡って変わっていない日本の教育は、comfort zoneを超えての検証と改革が必要である。

部品は作れても、アップルなど世界規模で影響力を持ち時代に貢献するＩＴ企業の根源になるような発想ができず、日本独自の新しいものが生み出せない。これは「失われた30年」の遠因と言っても過言ではない。

日本の若者達は、国際語として世界の人々とコミュニケーションが出来る英語力のレベルをこれまで以上に向上させなければならない。でも言葉だけでなく、その背景にある文化や生活、社会のシステム、ものの考え方、彼らが大事にしている価値観などをお互いに学ぶ機会を持つ必要がある。そのためには出来るだけ若いうちにチャンスを見つけて、comfort zoneから広い世界に向かって飛び出してほしい。

そうすると、世界はいかに面白く、学ぶことが山ほどあると発見する。テレビやインターネットを通してではない、そのFirst-hand experienceで得られるエネルギーこそが、新しい価値を創造し、未来を築く大きな力になる。

現在も将来も日本は島国である。海外の国や人々のことを理解し、共に歩むグローバル教育は、日本の舵取りにも関わる重大なイシュー（課題）であり、学校教育でも主要科目の一つになっても良いのではと考えている。

さらに、教育は企業や社会の考え方を反映しているとも言えるので、社会全体がもっと世界視点のマインドを持つ必要がある。

いつか日本の子供達の教育に、そのような変革が行われることを期待しながら、「失われた30年」からの日本復活に貢献することを期待したい。

＊　＊　＊

❖宮崎さんは、若くしてユートレックを設立して、海外とのいろいろな機関と提携して日本の若者の国際化に熱意を持って取り組まれ大きな実績を上げてこられた。その背景には海外に多くの友人やネットワークを持っておられ、その顔の広さにいつも感心している。宮崎さんは私と同世代であるが、日本の若者の国際化に関する情熱は少しも衰えることなく、頻繁に海外にでかけ頑張っておられるが、私にとって大きな学びのある方である。

7　アメリカに学ぶ日本の大学の教育と研究の課題

……………………宮田由紀夫さん

宮田由紀夫さんはアメリカで長く研究活動をされ、ワシントン大学（セント・ルイス校）でPh.Dの学位を取得されている碩学の先生である。関西学院大学の副学長を経験され、現在は国際学部長をされている。アメリカの大学教育に関する学術図書を多数上梓されており、仰ぎ見る先生である。私の処女作『アメリカの最強のエリート教育』（講談社＋α新書）以来長年ご指導頂いている。今回は、アメリカの教育に詳しい先生から日本の教育をどう改革すべきかについてお伺いした。

失われた30年での日本企業の低落

「失われた30年」と言われ、日本経済は低落した。その中で、日本企業にとって大きな変化が、終身雇用・年功序列賃金制度が見直されるとともに、企業内教育が行われなくなった。企業に余裕がなくなり、社員への企業内教育がほとんどなくなったからである。

かつて日本企業には特殊的スキルを蓄積する余裕があり、これを持った人材を擁することが強みでもあった。しかし、イノベーションのスピードが速くなると、社内教育で知識を身につけさせていてはイノベーシヨンに追い付かなくなっていた。昔はコツコツ社内で訓練してスキルが上がっていったが、近年は余裕がなくなり、知識のある人材を外部から採用しなければならなくなった。

一方で、大学での教育能力の低下も顕著になってきた。昔は大学の教育がよくなくても企業内教育でカバーできていたが、それができなくなってしまったので、大学の問題が顕在化したともいえる。失われた30年は考えようでは、私も含めて今の60代の世代の人々のせいでもある。以前の世代の人々は人数少なく激しい競争の中で生き残ってきたが、彼らは大学であまり勉強しない中、バブルの最中の売り手市場の時期に会社に入社し、競争もゆるかった。彼らがしっかりしていなかったからだとも言える。変化が激しく、企業内訓練も終身雇用も当てにならなくなった最近の現象として、社会に出てから学び直す社会人教育が重視されるようになってきた。

最近の文系私学の入試では数学が選択科目になり、数学なしで受験ができる。これが日本をダメにしたと思う。それは、大学がたくさんの学生を集めるため安易な入試方法に走ったからである。最近では早大政経学部が数学を受験必須科目にしたことが話題となったが、数学を勉強しないと論理的思考ができなくなる。三角関数など役立たなくても頭を使うことが大事なのである。社会に出てからもＡＩや統計など数字に関係する仕事が必須になってきている。以前はそれでも入社後訓練の機会があったり、厳しい就職試験の時に学生自身が勉強したりしていたが、今はそれらが失われてしまった。

日本の大学の教育と研究の課題

日本では18歳人口の減少により、大学の入学定員確保がとても難しくなっている。アメリカでも１９８０年代にベビーブーマーの子供が大学卒業後、18歳人口が低下する現象が起きた。その時アメリカでは社会人学生と留学生を増やすことでこの危機を乗りきったが、日本では、この問題はまだ解決されていない。アメリカでは高校を出てすぐ大学進学する学生を「伝統的学生」と呼ぶのに対して、既婚者を含めて、社会人のパートタイム学生、学びなおしの学生を、「非伝統的学生」と呼ぶ。先ほど述べたように、知識が重要な社会で、なおかつ変化も急速なので、学生にとって生涯学習が重要になった。企業も新しい知識を持っている人材を中途採用するようになった。大学も経営的な見地からも、社会への貢献の見地からも、積極的に非伝統的学生の受け入れを図るべきである。

かつて日本の大学の研究力は高く評価され、多くのノーベル賞受賞者を輩出した時代もあった。しかし、最近は研究力の低下がささやかれている。その一つは、日本の大学の研究論文数がアメリカや中国の大学に比べてかなり少ないことである。日本の論文が少ないのは、大学院の博士後期課程に進む学生が少ないからである。博士号を取得しても就職できない。前期課程の修士までだと、奨学金も少なく、論文にまで手がまわらない。また国からの研究費は競争的資金といって旧帝国大学に重点的に支給されている。アメリカのハーバードやスタンフォードは一流大学だが、すべての分野でトップなわけではなく、国からの研究費は競争の結果、多くの大学に広く分配されている。競争的資金という考え方は同じだが、トップ10以外の大学の層がアメリカは厚い。建物と同じで、高い建物を建てるには、すそ野もある程度広くなっていなければならない。

アメリカの有名大学は、民間企業や多くの個人から寄付金を集め巨額の資金を保有しており、これが研究費や奨学金に回り、優秀な人材を集めているので日本の大学は太刀打ちできない。それに加えて、それと日本の大学の問題は、というか政治家や市民の問題でもあるが、短期的思考が強くすぐには役に立たないと思われる研究には資金を出したがらないことである。基礎研究など長期的思考から考えることが大事で、この点アメリカは（近年は短期志向といわれるが、）まだ余裕がある。また大学入試は、中高一貫校で勉強するか、塾に通うなどお金をかけないと東大など有名校に入れないことも問題である。

大学の運営に関しては、日本の大学の意思決定は企業同様にアメリカに比べて遅いように思う。日本では近年、アメリカに倣って、理事会の力を強くし、理事会の支持を得た学長のトップダウンの大学運営を目指す動きが強まっている。理事会には経営のセンスを大学運営に取り入れることが期待されているが、企業経営者が大学の教育のことを十分理解していないのではないかと懸念している。

また、大学の教育で文系と理系を分けすぎだと思う。幅広く勉強していないと激しい時代の変化についていけないが、専門知識は陳腐化が速いので、広い一般教養の知識が必要になってきた。繰り返すが、生涯を通しての学びが大事で、そのためには学部教育では、知的好奇心を持ち、新しいことを学ぶのが苦にならない人間を育てることが重要である。

リベラル・アーツの大学は、日本ではＩＣＵ（国際基督教大学）など少ない。いずれにせよ、人生１００年時代。生涯いろいろ学ぶ環境が必要になってきたが、日本には余裕がなく、アメリカでは余裕があると思う。

アメリカの大学教育の問題点

アメリカでは、１９６０年代のベトナム戦争の時代に、落第すると徴兵されやすいので、教員が成績評価を甘くした。平均ＧＰＡが上昇する「グレード・インフレーション」がおきた。１９７０年代にはやや収まったが、１９８０年代以降、「高い授業料を払っているのだから、就職や大学院進学で不利にならないように成績を甘くしろ」という学生・親からの要求で再び成績があまくなっている。

州立大学は奨学金があまり出ないが、アイビー・リーグの大学では、年間の学費（授業料、寮費など）が９万ドルを超えており、驚くほど高額である。ブランド品が高く値付けされているのと同様で、大学でもブランド力のある大学の学費は高くなっている。しかしこうした大学には奨学金も多く、ほとんどの学費がカバーされるところが多い。またアイビー・リーグなどの大学の中には、親が卒業生ならば優先的に入学できる制度もある。この制度を公表しているところもあるが、日本では考えられない。

また、アメリカでは大学の教員評価を学生も行うが、日本では教員組合との合意で、教員の勤務評定はほとんどなく、給与にも反映されない。

入試に関しては、日本では学力テストの成績で合否判断するのが主流だが、アメリカではアドミッション・オフィス（ＡＯ入試）の面接などにおいて、合否判断に曖昧さが見られる。最近、アジア系学生の入学が難しくなっており、ハーバード大学ではアジア系受験生を差別していると訴訟もあった。アファーマティブ・アクションという、合格者数の人種比率を決める制度があった。（アファーマティブ・アクションについては、保守化した連邦最高裁が、２０２３年６月に違憲と判断した）。この制度の影響で、優秀な受験生が多いアジア系は黒人など他の人種に比べて合格が難しくなっているようだ。

生成ＡＩの発展はアメリカの大学の教育に大きな影響を与えている。最近ではＡＩを使ってのレポート作成も増えている。これは自分の発想で作成したものではなく、一種のカンニングとみなされる場合もあり、難しい問題である。しかしソフトの進歩とその防止制度とのイタチごっこで難しい問題である。

＊　＊　＊

❖宮田さんは、学術書を単著・共著を合わせて19冊も上梓されている碩学である。出版されるごとに学術書を頂戴するが、私のような学術研究の訓練を受けていない者から見れば、どうしてこのように細かく調査され、記述できるのかといつも目を丸くして読ませて頂いている。一方、大学教育においても関学の副学長や学部長の重責を担われ、大きな実績を上げておられる。私のような者にもいつもお目にかけて頂き、今回の取材でもわざわざ、大阪の中心部までお出まし頂き、感謝しており、大変尊敬している。宮田さんへの取材を通じて日本の大学の教育や研究について改革が必要なことが浮き彫りになった。

8　日本のビジネススクールの歩みとその実践……定藤繁樹さん

定藤《さだとう》繁樹さんは、民間の大阪ガス勤務から関西学院大学の教授に転身された方で、関西学院大学では副学長や専門職大学院で当初から教鞭をとられ、研究科長の重責も果たされた。現在は関西学院大学名誉教授で大阪学院大学経営学部の教授、関西ベンチャー学会の会長として活躍されている。今回は、ビジネススクールの歴史と関西学院大学での実践などをお聞きした。

ビジネススクールの役割

企業を取り巻く経営環境がめまぐるしく変化する時代になり、経営者や管理職はその対応を迫られている。アメリカでは、経営者やマネジメント層はビジネススクールで最先端のビジネス手法を学び、企業内で実践するという文化が定着している。経営環境の多様性に即応できる優秀な経営者の出現は、ビジネススクールで勉強した結果による。アメリカのビジネススクールの嚆矢は、１９０８年に設立されたハーバード・ビジネススクールだと言われており、日本ではハーバード・ビジネススクールの協力を得て、１９６２年に慶応ビジネススクールが開学した。関西の代表的私学の関西学院大学では、２００５年に専門職大学院を開設した。高度専門職の養成を目標に、ビジネススクールとアカウンティングスクールの２つで構成されている。ビジネススクールでは、一般のビジネスパーソンが通いやすいように、授業は平日の夜か土日に行われ、1・5年～2年間をかけてMBAを取得できるシステムをとっている。

私は、開学当初から主に「ベンチャービジネス論」などを担当し、2008年から3年間は副学長として大学院教育の全般に、2015年から2年間は学部長に相当する専門職大学院の研究科長も務めた。

関学の専門職大学院（ビジネススクール）の特徴

関学のビジネススクールは、1994年に大学院商学研究科の中に、社会人を対象にして開設されたマネジメントコースに由来している。グローバリゼーションと情報化が進展する中、高度な経営知識を有する実践的な人材を養成することを目標にしていた。ビジネススクルールで学ぶ学生は、最低でも3年以上の社会経験を有することが条件になっている。理論に加えて実践的なことを教える必要から、教員の構成はアカデミックな人（本来の大学の研究者）と実務家が半々である。クラスも少人数であり、授業は理論についての講義、ケーススタディーによるクラス討議、そして経営者を招いて実際の経営現場についての講義もある。

授業での課題の与え方などは、学部の教育レベルとは全く質が異なる高度なものであり、学生も学習意欲が強い人達で、教える方も気が抜けない。異なる業界知識と経験のある社会人学生によるダイナミックな討議は充実した内容である。

関学ビジネススールのもう一つの特徴は、英語だけで授業する留学生コースが開設されていることである。学生は東南アジア、中国、韓国やJICA（国際協力機構）が窓口になったアフリカや太平洋の島嶼国、難民認定された人の出身国、例えばシリア、ミャンマーなどからの留学生も受け入れている。このプロジェクトは日本政府の発展途上国の人材育成支援政策によるものである。また、企業からの派遣社員も受け入れている。

関学ビジネススクールの発展とその成果

最近の新しい傾向として、経営学に関する基礎科目（経営戦略、組織論、マーケティング、技術経営、ファイナンスなど）をベースに、経営管理者を養成するコースに加えて、特定の業界に特化した経営人材を養成するためのプログラム開発を行っている。病院経営、自治体経営、大学経営などがあり、例えば、医療経営プログラムでは、病院事務の責任者、看護部長や医師などが学んでいる。２０２２年からは、中小企業診断士養成課程が開設されており、ＭＢＡを取得すると同時に中小企業診断士の資格取得が可能になっている。

その他、アントレプレナーや事業承継のためのコース、観光事業者やＭＩＣＥ（イベントのマネジメント）関係者、また女性管理職・女性起業家向けのセミナー講習なども開催されている。

定藤ゼミの卒業生は80～90人であるが、そのうち1割ぐらいが社長として企業経営を担っている。中には東証プライム市場に上場した社長もいる。

関学の専門職大学院はＩＢＡ（Institute of Business and Accounting）と称しているが、ＩＢＡでの学びを通じて構築された人的ネットワークは大変貴重なものであり、ＭＢＡ修了後のビジネス上での付き合いだけでなく、人生そのものを豊かにしている。

エクゼクティブＭＢＡコースという、実際に経営者として活躍している取締役の人達を対象にしたコースもある。授業は経営判断を身につけるための得意分野のファイナンス、マーケティング、テクノロジーマネジメントのほか、最近の新しい経営手法のシステムシンキング、データーマイニング、エクゼクティブシンキングなど最新の経営手法の講義が多く用意されている。

しかしこのコースでは、経営者同士が盛んにネットワークを作り、これを実際のビジネスの現場で活用する人も多かった。また、最近では基礎科目をベースに自治体や大学運営組織のアドミニストレーションを学ぶコースもある。さらに医療関係者のマネジメントコースの受講者は、医者だけでなく、看護師が病院の副院長にまで昇格可能となったためか、最近では看護部長や医療事務の方々の受講も多い。その他、アントレプレナーや事業承継の授業や中小企業診断士養成コースも新設され、観光事業者向けのＭＩＣＥ（会議、研修旅行、イベントなど）の授業もある。

＊　＊　＊

❖定藤さんは、関西ベンチャー学会の会長をしておられ、私はその一役員としていつもご指導を頂いている。民間会社のご出身でありながら大学に転籍され副学長を務めるまで重責を果たされた。定藤さんの良さは、なんといっても人間性が素晴らしいことで、その面倒見は抜群であり、いつも感心している。その一例をあげると、素晴らしい教え子を私の勤務先大学の教員に紹介頂き、大学でも大変喜んでいる。

今回の取材を通じて、日本のビジネススクール発祥の歴史はよく理解できた。まだアメリカのビジネススクールと比べて、まだまだ大きく遅れをとっているが、今後の日本のビジネススクールの発展を期待したい。

9　アメリカ人から見る日本の教育の問題点
……………………エリオット・コンティーさん

コンティーさんは現在、合同会社Conti Global ConsultingのＣＥＯとプロメテウス財団の専務理事を務めておられる。米国のデニソン大学を卒業し、来日後、日本国国費留学生として大阪市立大学大学院を卒業された。私がコンティーさんにお目にかかったのは、友人の住谷栄之資さんが主宰していたキッザニア・ジャパンの福岡事業所を開設する時で、彼はその初代の責任者として見事に重責を全うされた。コンティーさんからは、いつも新しい視点からのコメントを頂き啓発されている。

今回は、ネイティブのアメリカ人として、日本の教育の問題点をどう見ているかについてお聞きした。

受験のための日本の教育の問題点

日本の教育の大きな問題点は、受験勉強のための教育で、正解のある事例をひたすらに学習することにある。その結果、国際学力を評価するＰＩＳＡの評価でも基礎学力（国語、算数など）は高くランクされ、この教育を戦後ずっと継続してきた。

国民の基礎学力が高いことはもちろん評価できることだが、時代が変わり「正解のない問題」に遭遇したとき、それだけでは、問題を発見し、自分の意見を述べ、解決に導く能力が十分身につかないだろう。この答えのない問題の解決能力の欠如が、若者が社会に出て答えのない問題に直面した時の決定的な違いとなる。

特に最近のブーカ（VUCA、先行きが不透明で、将来が予想困難な状態）と言われる「変動し、不確実で、複雑で、曖昧な時代」に対応して価値を創造するには正解を解くだけでは無理である。

また、戦後の日本は基本的に第二次産業（製造業）に就労する人材を輩出するための教育を行ってきた。しかし最近の世界の趨勢は、先進国では第三次産業のサービス業の人口が総労働者の7割も占め、アメリカでは8割になっている。彼らはナレッジ・ワーカーと言われ、複雑で不確実性が高いスタイルの仕事に携わり、高いマネジジメント能力とスキルを必要とされる。

このような時代には、日本の教育制度は向いていない。日本の教育に欠けているのは、プロフェッショナルにマネジメントできる人材の育成である。これはデータを重視する経営学を勉強するMBA教育が定着していないことをみても明らかであり、実際に社会に出て仕事する時に不利になる。

アメリカに学ぶ教育と仕事のやりかた

アメリカではアントレプレナーシップ（起業家精神）を学ぶ機会が多いが、日本はこれが不足している。これは、複雑で正解のない課題を与え、それを分析し、意見を形成し、考える力を養成する教育である。しかし、日本の教育の目標は入試のための偏差値を上げることにあり、もっと大事な人間力の評価がなされていない。一方、アメリカの入試ではSAT（大学進学適正試験）やACT（大学進学標準テスト）は一つの判断材料にすぎない。それ以外の作文、課外サークルやスポーツ、ボランティア活動、面接でのコミュニケーション能力判定など5つや6つの事項を総合的に評価するのである。

日本では子どもの頃から大金を払って塾に通っているが、友達と遊ぶ機会もなく、人間として未熟のまま、大学生や社会人になってしまうのが残念である。最近、日本でも総合的な学習として「探求」の授業が行われるようになった。ただ単に問題を解くのではなく、ケーススタディーやプロジェクトベースで学習するスタイルである。このことは大変好ましいことであるが、教員の中には、このような教育を受けてきていないため十分に理解できずに教壇に立っているケースもあるようで残念だ。方向性は良いが、中途半端にならないようにまだまだ努力する必要があると思われる。

日本では、社会人教育も遅れている。企業が終身雇用の人事制度を取っており、企業内教育はOJT（職場内訓練）が主流であり、教育投資においてもG7諸国に比べて人材開発への投資が少なくなっている。それに加えて、ICT（情報通信技術）等の仕事に従事する理工系人材が不足しているが、そのような技術者を養成する教育の問題でもある。

また日本の企業は、長く働いているのに、効率も悪く、生産性が低い。これは稟議制度や社内調整などトップの意思決定が遅くなる仕組みが大きく影響している。トップが即断即決するアメリカ企業とは大違いである。

＊　＊　＊　＊

❖コンティーさんのようなアメリカ人から見て、日本の国力が衰えているのは、根本的に日本の受験重視などの教育に大きな問題があることがよく理解できた。これは早急に改善する必要があるが、コンティーさんは住谷栄之資さん主宰の「グローバル・ビレッジ有楽町ハウス（プロメテウス財団）」の専務理事として精力的に活動を始めており、彼の今後の活動に期待したい。

10　日本の英語教育と異文化理解の遅れ

……………………ロシェル・カップさん

ロシェル・カップさんは、イエール大学卒業後、シカゴ大学でＭＢＡ（経営学修士）を取得された。その後、日米の異文化教育や人事管理のコンサルタントとして大活躍されている。著書も多数で、私がアメリカで現地法人の社長を務めていた時は、先生の著書をバイブルとしてアメリカ人とのコミュニケーションを図ってきた。最近はグローバル・ビレッジ有楽町ハウスの活動を通じてご縁を得た。

今回は、日米異文化理解のベテランのアメリカ人から見た日本の教育の問題点をご指摘頂いた。

日本の部活は教師にも生徒にも大きな負担になっている

学校の部活動には大きな問題がある。教師にも生徒にも負担になっているからである。週末や休日でも多くの時間をとられ、自分の自由時間がとれなくなっており、生徒の精神の成長を阻害している。また、学校の授業より部活の方に力を入れているような雰囲気を作っている学校もある。もともと教師は仕事量が多いのに、さらに部活の事務的な仕事ものしかかってくる。教師が過労になったのでは授業もうまくできないだろう。近年教員志望者が減っているのもこうした教師の過酷な実態が知られてきたからではないだろうか。

日本のＩＴや英語教育の遅れが、国のＩＴビジネスの不振へ

日本の教育の大きな問題点として、受験のための暗記主体の教育があげられる。やたらと情報を頭脳に詰め込むことは生徒に大きな負担になり、好ましくない。ＩＴが発達しているいま、情報はＰＣで検索できるし、それよりも、情報から何を取り出すか、情報をどのように使うかの方が大きな課題である。しかし、日本の学校はこれをきちんと考えていない。

もう一つの問題はＩＴリテラシーのことである。自身がＰＣを使いこなせないため授業にＰＣを使わない教師もいる。一方で大学生でもＰＣをもっていなかったり、使い方が分からない学生もいたりする。宿題を出すと、携帯で書いたものや手書きで写真付きのモノを提出してくる学生もいる。この学生は就職してから職場でやっていけるのか心配になる。

国際経営開発研究所の調査を見ても、日本のＩＴリテラシーは64国中35位と比較的低い。それはＩＴ人材の不足、古いシステムを続ける企業体質に起因し、日本のＩＴビジネスの不振の原因となっている。また、国際語学教育機関の調査では日本人の英語力は１１３国中87位とさらに低くなっている。それは学校教育では受験対策のため文法や和訳を重視し、実際に会話する音声学習に時間を割いていないから当然である。また海外留学経験のある教員が少なく、英語を実際に使う機会も少ないことも一因と言われている。実際に社会に出ても英語が苦手なためビジネスで十分活躍できないことは残念だ。

＊　＊　＊　＊

❖私の長男が在住しているアメリカのニュージャージー州では、日本が問題を抱える部活動へのヒントとなる取り組みを行っている。小学校には学校主体の部活動はなく、中学校も限定的で、多くの活動を町、コミュニティが運営母体となり取り組んでいる。アメリカでも人気の高いスポーツの部活動、アメフト、野球、バスケットボール、サッカー等は全てコミュニティが運営し、専門コーチの手配、チーム編成などを行っている。町が運営する母体はレクリエーションと呼ばれ、町の職員が管理者となり、町の在住者がスポーツごとに組織を編成し、実際の運営を行う。それらの管理、運営者はフィールドや施設を保有する学校と、場所や人数を調整し、三者が連携を図りながらスムーズなレクリエーション（部活動）運営を実現している。この過程に教員が関わることはなく、日本で抱えるような教員の長時間労働にはなっていない。町が主体のため、町ごとに運営方法は若干違い、それぞれの町の事情や特色に合わせた形になっている。

この実態を視察したいということで２０２３年、福岡県の議会が県産品プロモーション・プロジェクトの機会に、長男の地元を視察した。組織運営におけるポイントや連携方法を意見交換し、日本でもこの課題に積極的に取り組む動きが始まっている。

第4章

◉

これからの日本経済復活に向けて

「危機に立つ国家」といわれたアメリカとイギリス病といわれたイギリスでは、教育改革により国力を回復させたが、本章では、日本経済の復活はどのようにして行うべきかを述べてみたい。

日本は戦後、「ものづくり大国」と言われるほど製造業が大活躍して、世界2位の経済立国にまで成長してきた。ここでは、日本が得意な製造業のこと、中でもＩＴや半導体などの先端産業と鉄鋼、造船、化学などの従来産業に分けて考えてみたい。

1．先端産業での日本企業の脱落

先端産業とは、現在の世界経済を牽引しているデジタル技術を使って事業変革や経営革新を行うＤＸ、学習済のデータを使って新しいデータを作る生成ＡＩ、また生成ＡＩを生成するためのＧＰＵなどの半導体などの産業であるが、この分野では、アメリカがトップランナーである。

具体的にはＧＡＦＡＭ（Google, Apple, Facebook, Amazon, Microsoft）と言われる5社が世界をリードしており、5社の時価総額は２０２１年7月に日本の株式上場会社全部の時価総額を上回るほどであった。この5社の２０２３年の売上高合計も２３０兆円、利益も49兆円にも達しそうだ。

日本のこの分野の代表的企業の２０２３年度決算を見ると、最強のトヨタ自動車でも２０２４年3月の業績は、売上高46兆円、利益4兆５０００億円、ソニーが売上高11兆５０００万円、純利益９２００億円、日立売上高9兆７２８７億円、利益９１８１億円であり、比較にならない。

また２０２４年3月28日の日本経済新聞によると、半導体やクラウドのＡＩ関連技術でも7～8割を米国企業が抑えており、日本企業はそれに依存せざるを得ないという。

さらに、今までアメリカ経済を牽引してきたＧＡＦＡＭに変わり、２０２３年以降はＭＡＴＡＮＡ（Microsoft, Amazon, Tesla, Alphabet, NVIDIA, Apple）、あるいはＧＯＭＡ（Google, Open AI, Microsoft, Anthropic）と呼ばれている米国を代表するＩＴ企業群が取って代わる勢いである。有名なイーロン・マスクが率いるＥＶ車のTeslaだけでなく、ＩＴ分野ではＭＡＴＡＮＡではないが「ＡＩの顔」と言われるサム・アルトマン率いるChat GPTのOpen AI社や、半導体ビジネスではサムスンなどを抜いて半導体部門のトップになったＮＶＩＤＩＡが入ってきている。ＮＶＩＤＩＡは時価総額も３５６兆円にもなり、活発にビジネスを展開し高成長を遂げている。台湾生まれでタイ育ちのジェースン・ファンが彗星のごとく現れ、ゲームや自動車用から生成ＡＩ向けの半導体を主力にした結果、サムソンやインテルを２０２３年に抜き、トップに躍り出た。ビッグテックの勢力図が変わろうとしている。

一方中国でも、ＢＡＴＨ（Baidu, Alibaba, Tencent, Huauei）と言われる4社の２０２０年度の合計売上高は44・5兆円、２０１８年度の合計利益高は4兆９０００万円で大いに健闘しており、ＧＡＦＡＭに続いている。

このように日本が米中に後れを取った大きな原因として、日本の研究力の低迷がある。被引用数が上位10%の論文数ランキングを見ると、１９９９年～２００１年には日本が世界第4位だったが、２０１９～２０２１年では1位中国、2位アメリカ、韓国10位で、日本は13位と大差がついてしまった。日本の凋落は目を覆うものがある。

いずれにせよ、先端産業と言われる分野では日本はアメリカや中国に異次元の遅れをとっており、残念ながらとても追いつける状態ではないことを認識しなければならない。彼らと肩を並べて競争することなど夢のまた夢になってしまった。

2．先端産業での今後の日本企業の立ち位置

アメリカや中国のビッグテック企業が先行している先端産業は、野球でいえば猛スピードの直球で、日本はとても追いつけなくなっており、違った戦略を考えねばならない。

そこで、日本企業の劣勢をどうやって回復するか。日本が歴史的にたどってきた事実を認識することから考え直してみよう。

まず、米作、仏教などはもともと大陸から朝鮮を経由して日本に入ってきた。そして下図で示すように日本流に磨きあげた。それは高度なコメづくりの技術であり、世界に誇る優雅で繊細な日本文化であった。明治維新の時も西洋オリジナルの科学や

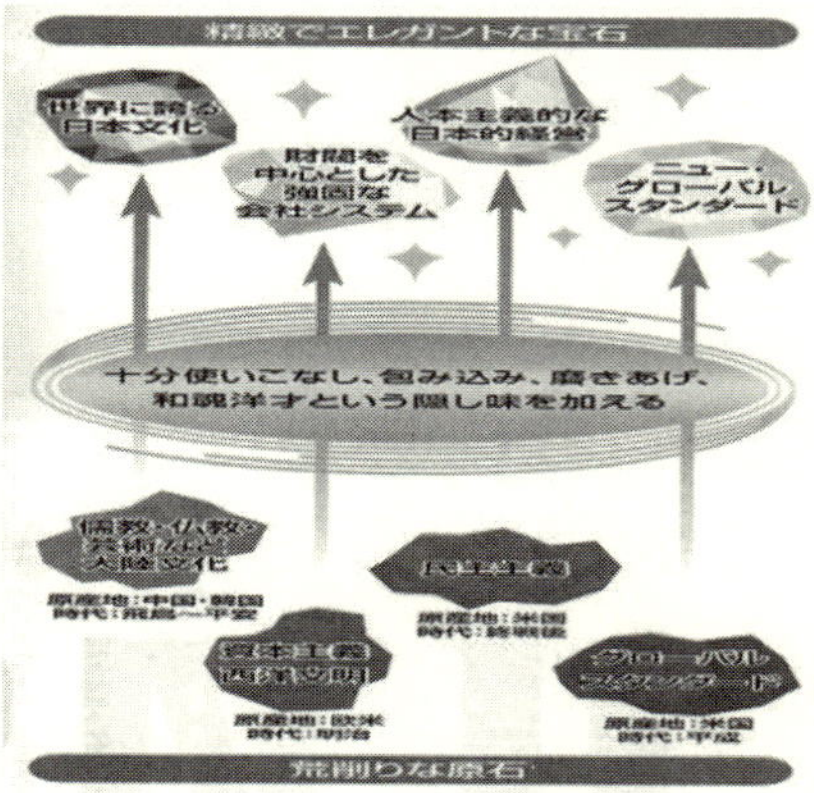

釣島平三郎著『これからの経営ニューモデル』（コスモ教育出版）

技術と西洋文明を日本に導入し、日本流に加工して、早急に欧米諸国に追いつき、財閥を主体とした経済体制を作りあげ、短期間で世界の五大国と呼ばれるまで国力を成長させた。

戦後も、日本は敗戦を糧に、民主主義や欧米の先端科学技術を学び、平和な民主主義国家、高度なものづくり企業、品質重視の日本的経営をつくりあげ、ジャパンアズナンバーワンと言われるまで上り詰めてきた。

日本という国はオリジナルの技術や文化制度をあまり持たなかった国で、原石となる技術や文化は国外で出来上がったものであった。しかし、日本のビジネスモデルとして注目すべきは、荒削りで完全ではなかった原石を十分に使いこなし、包み込み、磨き上げ、和魂洋才という隠し味を加え、精緻でエレガントに宝石に磨きあげてきたことである。伝統的にそうやって発展してきた国であった。

家電製品、カメラ、自動車など欧米で発明されたものも、きめ細かな品質管理と効率的な生産管理で世界に誇るメイドイン・ジャパンの製品に作り替えられた。司馬遼太郎さんも、原石が日本でできないことは恥ずべきことではなく、改良や改善が日本のビジネスモデルとして誇るべきだと言っておられた。私が大学の授業で、日本のオリジナル発明品はないと言うと、ある学生が、カップヌードルはメイドイン・ジャパン・オリジナルだと言ってきた。中国で発明された麺を日本流にアレンジしたことで、カップヌードルは今や世界中で愛食されるようになった。まさに日本のビジネスモデルの一つである。

現時点の日本がとるべき戦略は、日本企業はビッグテックと言われるＧＡＦＡＭなどのプラットフォーマーにコバンザメのように寄り添い、彼らが原石として生みだしたＡＩやＤＸのソフトに伴走して、より繊細に日本人の細かい感性をいれて磨き上げることであると思う。

例えば半導体産業でいえば、半導体製造装置は東京エレクトロンなどがＡＳＭＬなどのオランダ企業と共に世界市場を席巻している。半導体材料では京セラやＴＤＫなどの日本企業が健闘している。家電や自動車に使われる旧世代（レガシー）半導体は、現在中国が世界の約30％を占め、さらに急上昇することが予想されている。その中国依存を低減させるために日米の半導体調達の協力体制を構築するそうだ。国産の半導体製造を強化するために、政府がラピダスに９２００億円の支援もすることになっている。

また半導体本体の製造に関しては、最近台湾企業であるＴＳＭＣが熊本に工場を建設した。これをチャンスに、日本が得意な生産管理技術を発揮し、それを繊細に磨き上げ最高の管理体制を作り上げ、日本製造での成功を収めることである。もしこれが成功すれば、世界から日本の製造業が見直され、中国から撤退している各国の製造企業が日本に回帰するチャンスになると思う。

またＤＸやＡＩに関しては、最近ブロック・チェーンという「インターネット上のデータ所有権と制御を分散化する」技術が注目されている。この技術を基盤とするＷＥＢ３（非中央集権型ウェブ）に関して、シンガポールでは２０２０年に政府主導でＳＢＩＰ（Singapore Blockchain Innovation Program）に１２００万シンガポールドルを投じてスタートさせた。その結果3年間で75社の民間企業と連携し、シンガポールの経済発展に貢献できている（出典：https://nextmoney.jp/?p=36745：２０２４年7月29日）。

またアラブ首長国連邦の一国であるドバイでも、ハムダン皇太子がＷＥＢ３やメタバース（仮想現実）について「ドバイ・メタバース戦略」を２０２２年に発表した。その結果ドバイには、ブロック・チェーン及びＷＥＢ３関連企業が１４００社以上（日本企業も多い）になり、その人材は７０００人に達した（出典：

https://irnote.jp/article/2023/04/22/190.html：２０２４年7月29日）。

今後は生成ＡＩを如何に応用していくかが重要となってくる。生成ＡＩは、ＬＩＭ（大規模言語モデル）だけでなく、画像生成、動画生成やプログラミングなどを通じて、あらたな事業価値（例：顧客体験の向上など）、組織の生産性の向上、組織のスピードアップによる競争力の向上をもたらす。

２０１３年に「雇用の未来」という論文を発表し、「米国人の仕事の47％はＡＩ（人工知能）やロボットに代替可能だ」と主張したオックスフォード大学のマイケル・オズボーン教授は、２０２３年12月のＳＦＴＴ２０２３（Salesforce World Tour Tokyo 2023）の講演で、次のように語っている。日本の生成ＡＩに関するアドバンテージとしては、文化が豊富である点であり、アニメに限らず３Ｄアートやゲームにも強いため、ＡＩをクリエイティブに活用できる人が多い。日本は比較的ＡＩを受け入れる傾向があるため、日本でのニーズを測ることでより信頼性の高いＡＩの開発につながるのではないか。ＤＸに関しては遅れが目立つが、この機会にＡＩを活用したＤＸに取り組めば、推進のきっかけになるかもしれない。日本は、イギリスに比べても事業におけるＡＩ活用の度合いが大きく、優位性を持てるのではないか。

またある専門家は、「生成ＡＩの活用には規制や倫理観の導入が必要だが、そのための仕組みをうまく構築すれば、日本をＡＩ関連人材の集積地にする可能性もある」という話をされていた。この辺についてはシンガポールやドバイの取り組みを参考にすれば、チャンスがあり、日本がこれから生成ＡＩの事業の応用分野（ＬＩＭ、画像生成、動画生成、プログラミングなど）に注力していけば発展のチャンスがある。先端産業の遅れを諦めずに何とかして日本企業の復活を期待したい。

3．ものづくり製造業

先端産業ではないが、自動車、家電、鉄鋼、化学、造船などのものづくりのメイドイン・ジャパンの製品は、その品質の良さが世界から評価され、日本の経済を牽引してきた。かつて海外出張した時、どこの空港や街にも日本企業や製品の広告が溢れており、心強く思ったものだ。

日本の製造業が高く評価されたのは、日本人特有の高い職人技術に支えられたお家芸で高品質の製品を作りあげ、さらに改善、改良を加えてきたからであった。しかし、家電や自動車産業では、日本のすり合わせ技術（部品や材料を相互に調整し高度な製品を作り上げる技術）から組み合わせ技術（モジュール型）に産業が変化し、鉄鋼や造船では人件費や設備投資の差などにより中国や韓国に負けてしまった。個々の産業で違いはあるが、大きくみると「ドッグイヤー」という最近の急速な時代変化による生産や消費者のニーズの変化に日本はついていけずに、中国や韓国に後れを取ってしまったことだ。

第5章

◉

日本経済復活のカギは文化戦略だ！

前章までは、教育方法の改革に始まり、経済を復活させるための製造業について述べてきた。しかし私は、今まであまり注目されていなかった文化力による復活こそ日本の重要な戦略だと言いたい。

ドジャースの大谷翔平の活躍で野球人気がでているが、投手の直球勝負はまさに野球の醍醐味である。経済も直球勝負が本来の姿である。しかし、現在の世界経済は猛烈な速さで進んでおり、日本はアメリカや中国の直球勝負についていけなくなってきた。これからの日本は、戦略を転換し、直球派でなく技巧派と言われる変化球で勝負すべきだと思う。

技巧派とはいかなるものか。今まであまり意識しなかった日本文化にそのヒントがある。最近繊細で優雅な日本文化が世界の人々から注目を集めているが、これこそが日本が投げる変化球である。西洋とは違う日本人の感性が生み出した文化で、応用されたビジネスが急成長し始めている。すなわち、変化球による日本文化のビジネスとは、①アニメ、②ゲームなどのエンタテインメントビジネス、③日本流のもてなしとコト消費による観光ビジネス、④おいしい日本食ビジネス、⑤人の繋がりを大事にする人縁の総合商社、⑥日本流に磨かれたコンビニのことである。

1．急成長の日本のアニメビジネス

日本のアニメは海外で人気が高いが、その理由として、①日本人の伝統的な繊細で優雅な感性が作用している、②作画の質が高く、細部にまでこだわって繊細に描かれている、などがあげられる。現在のアニメブームの前には日本の漫画がブームになり、海外で人気を集めていた。キャラクターの表情や細かい動き、建物の描写のリアルさなどで惹きつけられたからであった。その他、日本のアニメ作品はファンタジーやSF、恋愛、ホラーなど多彩なジャンルがあり、その中から自分の好みの作品を探せるため人気がある。感情を描写しており、見る人に共感を与えるそうだ。いずれにせよ、日本のアニメは日本文化に基づく独自の世界観で作りこんでいるストーリーが特徴であり、成功と深く関りがあると思う。

　私は長年大学教員を務めてきたが、毎年中国やベトナムなどからの留学生の入試の面接をしている。彼らに「なぜ日本に留学しようと思ったか?」と質問すると、一様に「日本のアニメで育ち、アニメが気にいったから」と答えてくる。日本人以上にアニメをよく知っており、日本のアニメ文化が海外の青年達に与えた影響の大きさには驚いている。

　また、日本のアニメは、独自の美しいアートスタイルと詳細な描写で忍者、武士道、芸術を細かく繊細に描いた、職人芸で日本文化を紹介する品質高い作品であった。

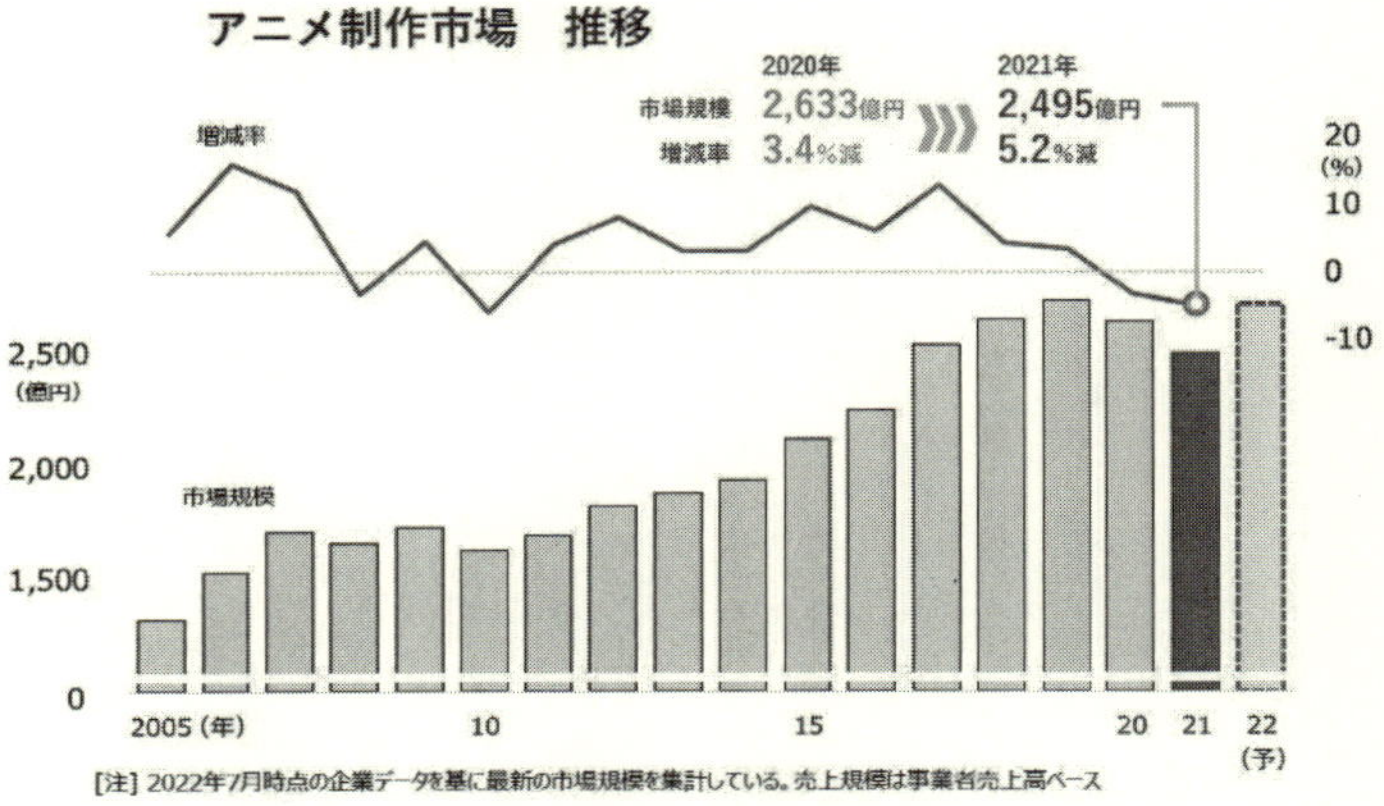

（出典　帝国データバンク）

彼らにどんなアニメを見たかを聞くと、「鬼滅の刃、NARUTO、ドラえもん、クレヨンしんちゃん、名探偵コナン、ワンピース、ポケモン」などと答えていた。

以上のような背景から、アニメ制作市場の規模は、2005年の約1000億円が2020年には2633億円まで急激に伸びており、今後も日本発の有力なビジネスとして期待できる。

2．日本のゲームの人気の秘密

1988年、ミノルタがアメリカに生産工場を作ることになり、私が赴任命令を受けた。しかし当時小学校4年と6年の息子たちは、「日本に仲の良い友達がいるのに、どうしてアメリカに行かねばならいのか？」と泣いて嫌がった。しかし担任の先生の勧めもあり、条件付きでやっと納得してくれた。その条件は「アメリカに行ってもファミコンができるか？」というものであった。彼らは出始めたファミコンのドラゴンクエストやスーパーマリオに熱中していたからであった。

渡米した子供達は学校に行っても英語がわからず、孤独をかこっていた。帰宅してからはファミコンに熱中する毎日だった。ある時、アメリカ人の友達が我が家に遊びにきた。当時アメリカにはファミコンはなかった。初めてファミコンを見た彼らは「こんな面白いゲームが日本にはあったのか？」と腰を抜かすほどびっくりしていた。「ニンテンドー（任天堂）」という言葉は魔法の言葉になってしまった。ファミコンの解説雑誌を息子が学校に持っていくと、取り合いになるほどだった。今まで阻害されていた息子たちは一転して英雄のように注目を浴びた。

ファミコンは、任天堂が家庭用ゲームとして１９８３年に世界で初めて発売したが、この開発コンセプトには日本文化が関係している。アメリカのディズニーに代表されるアニメは、作画や構図、演出まで圧倒的な流れのフルアニメで制作するそうだ。一方の日本のファミコンゲームは、多彩なソフトで面白いデザイン、そして見ているだけで楽しく、操作性も簡単。俳句や日本庭園などにみられるようにコンパクトに纏めながら、一方で豊かなイメージを喚起する日本文化に由来したものであった。また乏しい表現力を補うために、小さな木を巨木に見立てる盆栽や抽象的な庭で天地を表現する日本庭園など、シンプルでかつ大胆な構図や色使いで表現する浮世絵の影響も受けた日本文化の産物である。

以上のように日本のゲーム市場は、11年間で約２・５倍に着実に成長している。

３．注目される日本の観光産業の発展

国内のゲーム市場の推移

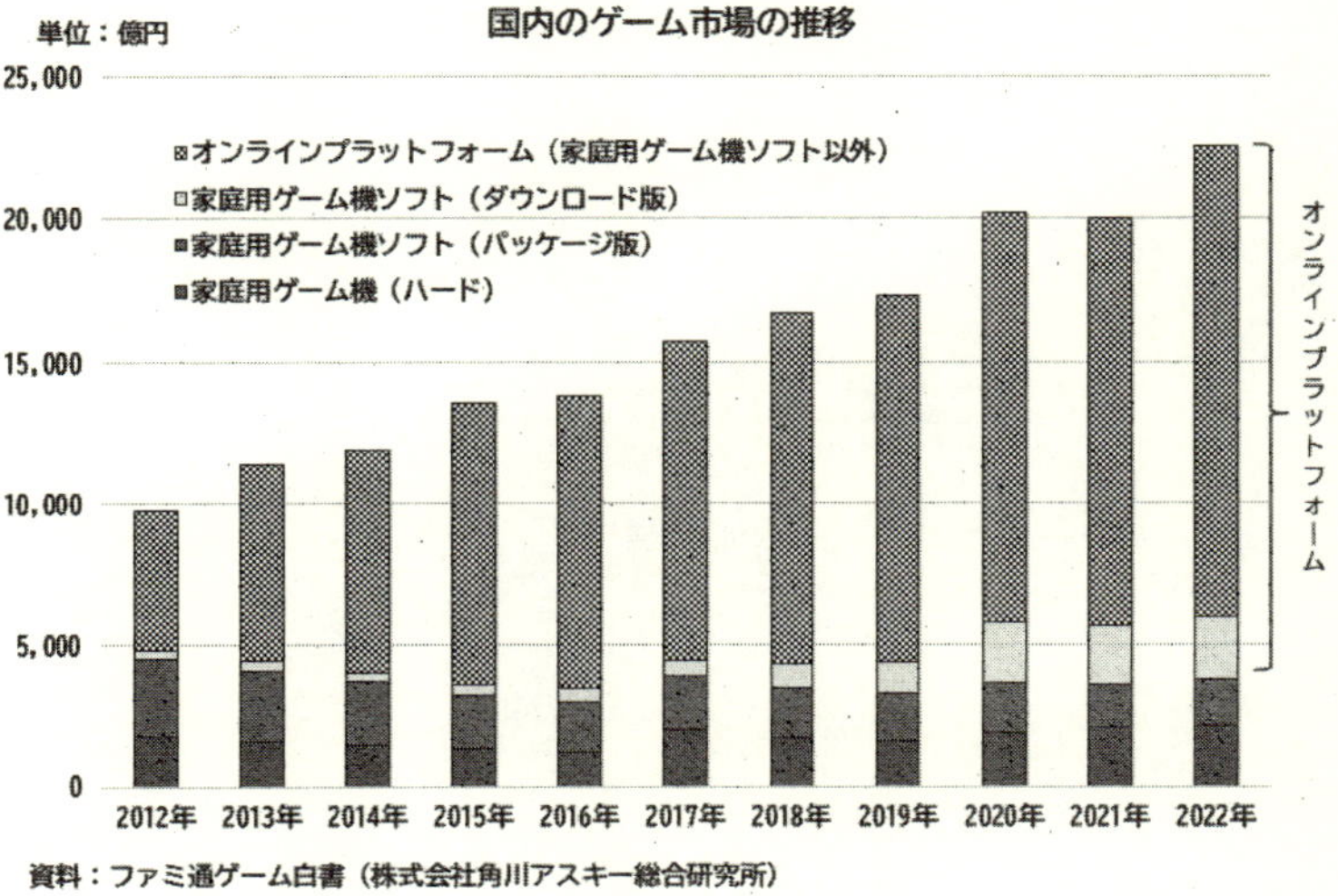

資料：ファミ通ゲーム白書（株式会社角川アスキー総合研究所）

日本の観光産業は、コロナ禍のインバウンド客減少で大きく落ち込んだが、コロナ収束とともに急速に回復してきた。２０２３年の観光産業の収入は41兆円で、日本のＧＤＰ貢献度のシェアーは６・８％を占め、５６０万人の雇用を創出し、重要な産業に成長してきた。２０１９年の「国際観光収入ランキング」においても、日本は４６１億ドルの収入で世界7位、アジアで2位と健闘している。

日本観光の人気の理由は、伝統文化、美しい風景、安全性の高さ、おもてなしの心（beenos-trabel.com）が挙げられていた。最近は単なる見学よりイベントや体験を重視するコト観光が好まれている。さらに日本の素晴らしい「おもてなし」が注目されているとよく言われている。

政府は、２０２４年（令和6年）に観光立国基本計画を策定している。その目標は、①訪日外国人旅行消費額（令和元年4・8兆円）を早期に5兆円に、②外国人の国内宿泊数（令和元年1・4泊）を令和7年までに2泊に、③外国人旅行消費単価（令和元年15・9万円）を令和7年までに20万円に、④訪日外国人旅行者数（令和元年３１８８万人）を令和元年の水準を超える、⑤日本人の海外旅行者数（令和元年２００８万人）を令和元年の水準を超える、⑥国際会議開催数（令

	The Travel & Tourism Competitiveness Index	The Travel & Tourism Development Index			
	① 2019年順位 ※新基準にて再算定	② 2019年順位 ※新基準にて再算定	③ 2021年順位 ※新基準にて再算定	①→②の順位変化	②→③の順位変化
日本	4	2	1	↗	↗
アメリカ	5	1	2	↗	↘
スペイン	1	5	3	↘	↗
フランス	2	6	4	↘	↗
ドイツ	3	4	5	↘	↘
スイス	10	7	6	↗	↗
オーストラリア	7	8	7	↘	↗
イギリス	6	3	8	↗	↘
シンガポール	17	9	9	↗	→
イタリア	8	12	10	↘	↗

和元年アジア2位）を令和7年までにアジア1位に、である。

また驚くべきことに、ダボス会議観光開発指数（各国の旅行・観光の発展度・競争力などの指数）では2021年にはアメリカ、スペイン、フランスを抜いてなんと日本が1位（前頁下図）にランクされた。これは大きな快挙といえる。

今後、日本はさらにインフラなどをもっと充実させ、一層の躍進を期待したい。

4．日本食の底力は日本復活の真の変化球

日本食の魅力が海外でも評価されるようになり、海外の日本食レストランの数は2013年の5万5000店から、2023年には18万7000店に、10年間で3倍以上に激増した。なぜ日本食レストランが増えたのかといえば、日本を旅行した外国人が日本食の美味しさに魅了され、帰国してもファンになってくれたからだ。

日本食は昆布や鰹節などでできるうまみの味付けが特徴とな

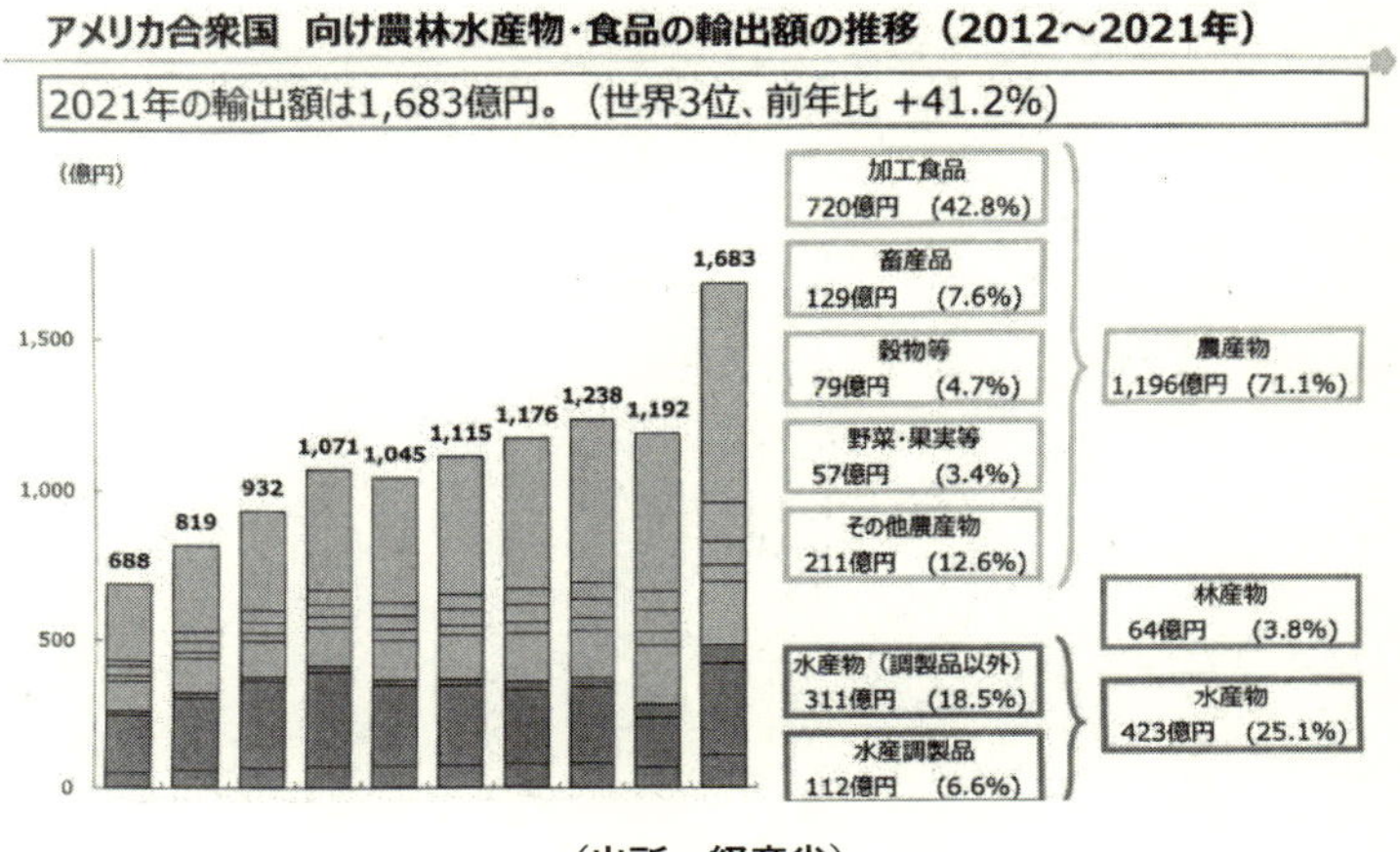

（出所　経産省）

っている。それで新鮮な材料と栄養バランスの良さが認められ、２０１３年にユネスコ世界遺産に登録されている。以前は、日本食といえばすき焼きやてんぷらが好まれたが、その後、寿司ブームが一挙に広がった。その仕掛け人は共同貿易の金井紀年さんである。戦後、渡米してアメリカ西海岸の日本レストランに江戸前寿司を作らせた。それがハリウッドの俳優たちの間で人気になったそうだ。最近は高額ＯＭＡＫＡＳＥ（おまかせ）メニューがニューヨークの高級レストランなどで評判となり、日本食は世界トップレベルの地位を確保した。

　また世界のレストランの格付けで有名なミシュランガイドの格付けで、全レストランの都市ごとの登録数では、東京２３０店、京都１０４店、大阪99店、パリ１０６店と、日本の都市が多く登録されている。特にニューヨークではなんと75店中20店を占めるほど日本食レストランの評価が高くなっている。

　一方で、アメリカ初のカリフォルニアロールや、ラー

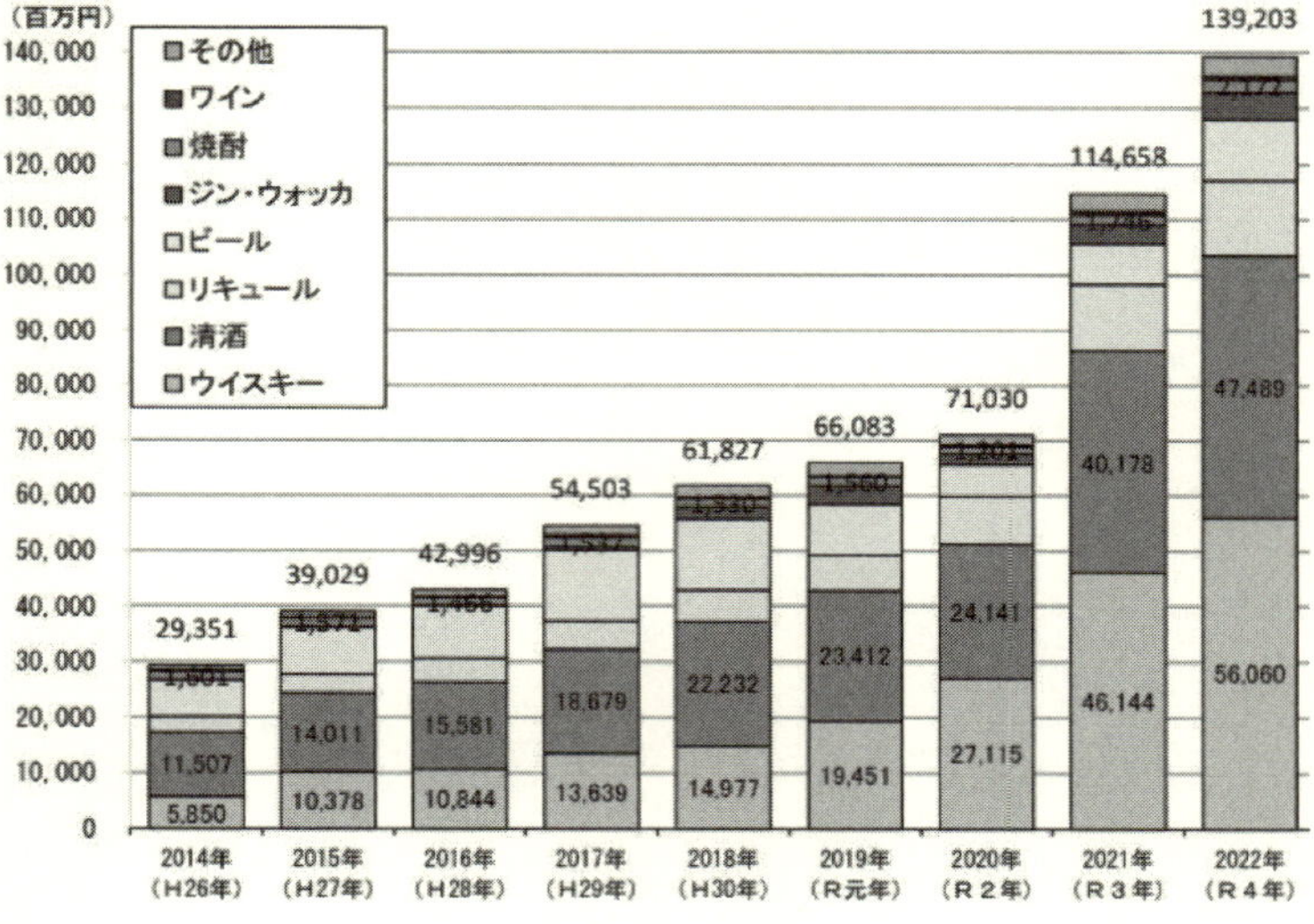

メンや粉ものなどのＢ級グルメなどの大衆向け食品にも人気が出てきている。

農林水産省などの後押しもあり、１３３頁の図のように日本の農林水産物・食品のアメリカへの輸出は確実に拡大しているが、これは日本食がアメリカで普及していることを示している。

日本で作った酒の輸出が伸びている。２０１４年の２９３億円が２０２１年には１１４７億円と初めて１０００億円を突破した。さらに２０２２年には１３９２億円と約5倍に伸びており、その主役はウイスキーと日本酒である。

日本酒については、以前から松竹梅、月桂冠、大関などがアメリカで現地生産を行っていたが、獺祭の美味しさがアメリカでも認められ、ホワイトハウスでのオバマ大統領と安倍首相のパーティーでも採用された。最近では、獺祭が品質の良い酒をつくるためニューヨークで現地生産を始め、話題になっている。

それでも日本酒の海外輸出はフランスのワインなどに比べると20分の1で、今後大いに伸びる余地がある。

５．日本しかない総合商社の人縁ビジネス

あまり知られていない話だが、外国には専門商社はあるが、総合商社は日本しかない。総合商社は巨大産業であり、日本経済のトレイドシックレット（秘密兵器）になっている。

総合商社は商品の輸出入で利ザヤを稼ぐより、金融、投資、情報や物流を扱う会社に変身し、世界に類を

みないコングロマリット（複合企業）として繁栄している。総合商社の強みは豊富な資金力と独特の情報網を持っていることで、多くの会社を系列化し、国家的なビッグプロジェクトに参加している。売上高、利益額をみても巨大なビジネスであり、アメリカや中国は決して真似のできない産業である。

総合商社は、商品の輸出入で利ザヤを稼ぐと同時に、金融、投資、情報、物流を扱うコンゴロマリットである。豊富な資金力と独特の情報網でネットワークを駆使する、日本人ならではの人縁ビジネスである。

この総合商社を私の恩師であるヤング教授（ニューヨーク州立大学）がアメリカに紹介した。「ＳＯＧＯ-ＳＨＯＵＳＨＡ」という日本語がそのまま英語になっている。「ジャパンアズ・ナンバーワン」と言われた日本絶頂期、アメリカにはない総合商社は、日本経済発展の秘密兵器として脅威をもってみられた。当時、貿易赤字で苦しんでいたレーガン大統領は１９８２年、日本に倣い、アメリカの輸出と雇用を促進するために「アメリカ輸出商社法（The US Export Trading Company Act）」を成立させた。これはヤング教授の本を参考にアメリカ版総合商社を作ろうとしたものだった。しかし、総合商社は伝統と文化をもとに人の繋がりを重視した独特の人縁ビジネスであり、アメリカ人には真似ができなかった。総合商社は大いに誇れるものである。

総合商社業績（2024年）

	売上高	当期純利益
三菱商事	21兆5,720億円	1兆1,807億円
三井物産	14兆3,064億円	1兆1,306億円
伊藤忠商事	13兆9,456億円	8,005億円
豊田通商	9兆8,486億円	2,842億円
丸紅	9兆1,905億円	5,430億円
住友商事	6兆8,179億円	5,652億円
合計	75兆6,810億円	4兆5,042億円

６．日本流に磨かれたコンビニのＣＳ（顧客満足）文化

コンビニは「便利な店」という意味で、アメリカで誕生したものである。アメリカのセブン-イレブン（サウスランド社・１９２７年創業）に莫大なロイヤルティーを払い、ノウハウを受け日本で開業したのがイトーヨーカ堂である。本家のアメリカのセブン-イレブンは経営危機に陥り、セブン-イレブン・ジャパンが経営参加し、わずか３年で見事に黒字に再生させた。

その秘訣は、各店舗に商品の発注権を与え、売れ筋商品を単品ごとにきめ細かに調べ、品揃えを充実すると共に在庫を徹底的に抑えることであった。この再生劇を通じて「タンピンカンリ（単品管理）」という言葉が英語になった。

その後日本にノウハウを移転されたコンビニは、日本流のＣＳ（顧客満足）で消費者に対するきめ細かなサービスを実施して大発展した。それは、①全国画一商品をそろえるのでなく、地域に密着した品をそろえる。②高級おむすびやラーメンなど

コンビニエンスストアの販売額と店舗数の推移

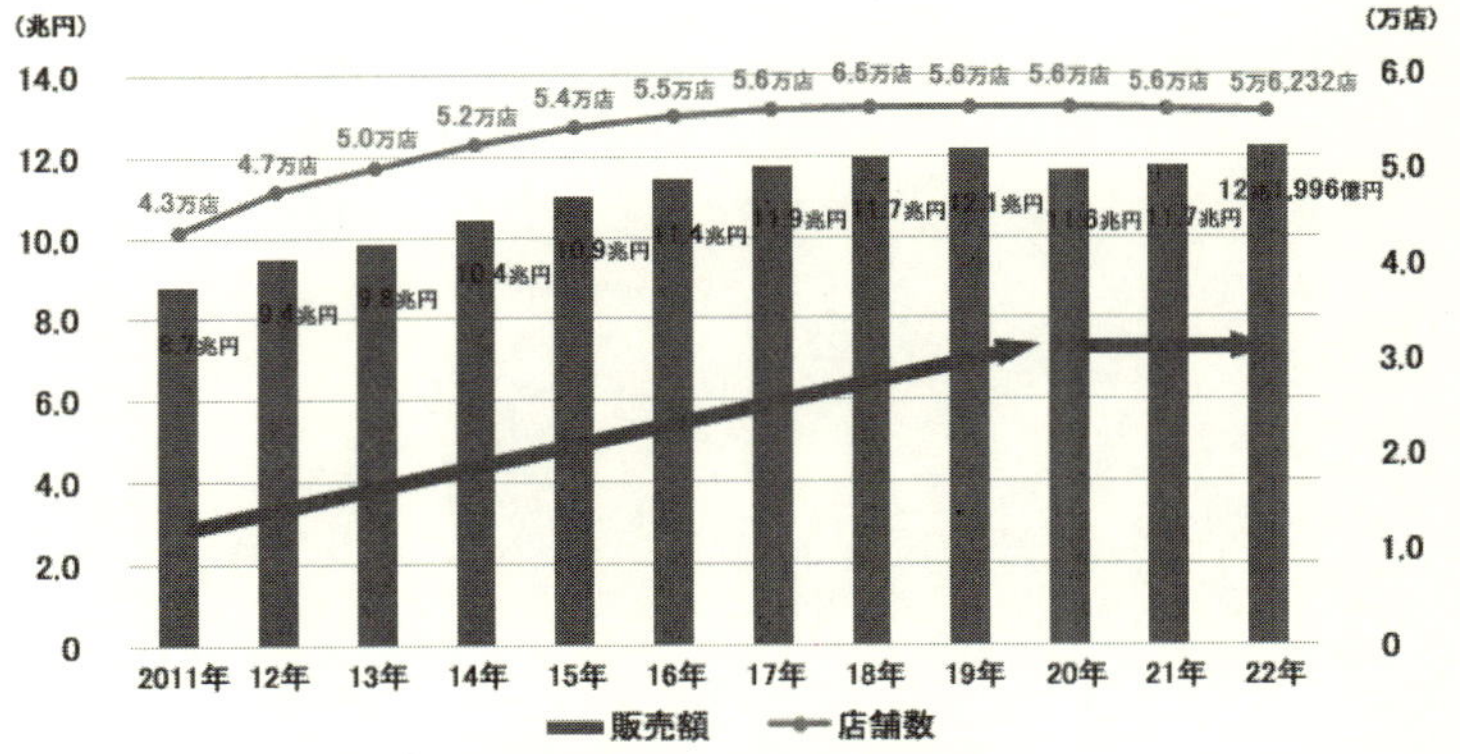

出所　業界動向リサーチ（2023年2月）

特色のある商品を開発する。③電気、ガス、新聞、産直品の注文と支払いができる。④宅配便の受け付け、映画や野球のチケット販売を行う。⑤ＡＴＭの設置やコンビニ銀行、自治体業務の代行など各種顧客へのきめ細かなサービスの実施などであった。

以上のように、日本で開花したコンビニ・ビジネスはすでに上図のように12兆円を超えるビッグビジネスに成長した。

この成長の秘訣は、アメリカで誕生した原石が顧客の視点にたった日本流のサービスによって磨かれたということである。日本で磨かれたコンビニは、現在、中国やタイ、台湾などのアジア諸国で急成長していることは大変うれしいことである。

現在の世界の人口は、中国は日本の12倍、アメリカは2・7倍、領土の広さにおいて中国は25倍、アメリカは26倍もあり、日本とは比較にならない。彼らは狩猟民族的な弱肉強食的思考の民族で、日本のような「和をもって貴しと為す」国民性とは異なる。彼らは直球による先端産業のビジネスで大成功してきたが、彼らと直球ビジネスで真面に勝負して勝てるはずがない。変化球による技巧派の日本文化ビジネスがこれから必要であると確信する。それは他国が真似のできないビジネスでもある。

ここでいう変化球による日本文化ビジネスとは、①アニメ、②ゲームなどのエンタテインメントビジネス、③日本流のもてなしとコト消費による観光ビジネス、④おいしい日本食ビジネス、⑤人の繋がりを大事にする人縁の総合商社、⑥日本流に磨かれたコンビニのことである。

「山椒は小粒でもぴりりと辛い」という言葉があるが、これからの日本の国家としての生き残りは他国が真似のできない日本文化によるビジネスである。今こそこれを世界に問う時期で、戦争に明け暮れる世界を平和に導くためにも我々日本人こそ、今が出番であり、新しいビジネス戦略であると確信する。

第6章

◉

識者から見た日本の復活への本質的なコメント

1　日本再生、地方創生、観光立国を目指す

溝畑　宏さん

溝畑宏さんは、観光庁長官の顕職を経て現在は大阪観光局理事長として日夜大奮闘されている。その目的は、以下で詳しく述べているように、大分県での実績を踏まえ「日本再生、地方創生、観光立国」であり、その熱意には圧倒される。

ご講演の時にお願いして取材させていただいた。

尊重すべき伝統的な日本文化

近年の日本の経済的地位の低下は著しく、一人当たりの名目GDPは２０００年の世界第2位から、２０２３年には第34位に下がった。国際競争力（ＩＭＤ）に至っては、１９９２年の世界第1位が２０２３年には第35位まで凋落した。しかし、この事実を座視するのではなく、「think globally, act locally」の精神で、日本各地で地方創生に取り組み、経済成長を促し、世界の協調、共生に貢献していく必要がある。

それには、戦争体験をした我々の先輩が示してきた「利他の精神で地域貢献」からスタートすべきと思う。私（溝畑）が生まれた１９６０年は、日本がまだ貧しかったが、両親から「どんな分野でも世界のナンバーワンを目指しなさい。歴史に残る仕事をして国の発展に貢献しなさい」と言われ、子どもながらに夢、チャ

レンジ・スピリットを植え付けられた。

しかし、残念ながら、その後、日本はアメリカの影響を受けた教育改革で「効率や合理化」が尊重され、日本人の美徳である「温故知新」など日本本来の精神が弱くなっていった。これに関して、日本の伝統の年功序列を批判する人もいるが、協調性を高め団結力を強め、後輩を育てる上で、日本社会に有効に働いてきた。

また一方で、地方のコミュニティでは祖先がその地の森林を丁寧に守ってきた。50年、１００年先の世代に森を残そうと、間伐しながら森林を大事にメンテし、美しく保ってきた。また健康長寿も日本が世界一を誇り、島国であった故に征服や略奪のない閉鎖されていた社会であり、互いに協調し平和に生きてきた。個々の家庭でも三世代同居して子供を育てる素晴らしいコミュニティであった。

日本の食材は、農薬を使わず自然と土を手入れして収穫した作物を地産地消する。欧米のように農薬をたくさん使って大量生産して、安心安全よりも利益を重視したスタイルとコストを下げるものとは、対局のものであった。

また、味噌、醤油、酒など、食材をリユースして「もったいない文化」として日本独特の発酵文化で健康を保ってきた。食事の時は「ごちそうさま、いただきます」と言って、食材を作ってくれた人、運んでくれた人、調理してくれた人、皆さんへの感謝の気持ちを示してきた。ものを大切に使う日本文化は世界唯一のもので、まさにＳＤＧｓの精神を象徴する循環型経済を実現している。これこそが日本が世界に誇る素晴らしい文化である。

世界から日本を見直す

2025年は、日本で大阪・関西万博が開かれるだけでなく、重要な年になる。世界の大きな政治と枠組みのなかで第二次世界大戦を経て築かれた世界平和、世界協調の枠組みが崩れつつある。最近のウクライナやガザでの戦争を見ると大国主義が露骨になり、デモクラシーが亀裂し、不平等が表れ、分断と対立が深刻化してきた。万博は世界約160ヶ国が参加する、まさに平和の祭典である。唯一の被爆国である日本には、世界平和を推進し、世界をまとめる使命があると思う。

日本は、東京オリンピックを機に、日本各地の魅力を世界に発信したかったが、残念ながらコロナ禍で海外からの入場者を十分に受け入れることができなかった。大阪・関西万博は、愛知万博以来20年ぶりに日本の魅力を世界に発信できるチャンスである。まず、北海道から沖縄までの日本の魅力の再発見に始まり、世界平和と世界協調の年として、SDGsの観点から、ダイバーシティの平等や緑の環境を世界中に発信すべきである。

もう一つ、コロナによって社会構造が歪んでしまっていることである。具体的には近年のAIの急進展でバーチャル化が進み、人間の感性、周りとのコミュニケーションの五感が鈍ってしまった。それでバーチャルとリアルの垣根を整理してリアルに戻すこと、いみじくもダーウィンは『進化論』で「移動と交流なくして人類と生物の進化はない」といったが、2025年こそアフターコロナで生活の変化をしっかりと見直し、それを立て直す年にすべきである。

日本は小さな島国だが、温泉の源泉数は世界の17％と最も多いことはあまり知られていない。古くは、縄文人は温泉を神と思い、温泉で健康のための湯治だけでなく、日本人は水着をつけず、世界で唯一、裸で公衆浴場にいる習慣があり、裸の付き合いをしてきた民族である。他国ではスパと言われ、水着を着て風呂に入るが、裸で入る露天風呂があるのは日本のみで、そこで景観を楽しむ日本人独自の温泉文化がある。

日本では四季折々の花を楽しむことができる。南北に長い国土のせいか、サクラの花も2月から5月まで楽しむことができる。

また個性的な美術館や歴史、文化、美術を象徴する伝統的建造物も豊富で、すばらしい自然景観も世界から注目されている。戦争もなく平和で、安心安全の社会で物事をおだやかに作り上げていく精神的な余裕があった国で、この特徴が日本人の器用さ、想像力、しなやかな感性と空想力、構想力を生み、最近ではアニメやゲームの作品に生かされている。

これらの日本各地の魅力を積極的に発信することは、日本の地方定住、観光立国に貢献するだけでなく、世界各国と連携することにより、世界の経済・文化、ＳＤＧｓの推進に寄与することになる。

大分県の「一村一品」運動について

今後の日本再生には、地方が自主的、主体的に地域の魅力を掘り起こし、付加価値を与え、これを経済の活性化につなげることが必要である。代表的なものは私が大分県の平松守彦知事と推進してきた「一村一品」運動である。

例えば、当時の大分にあった麦焼酎は安価で全国的にあまり注目されていなかったが、「下町のナポレオン」と銘うち立派な瓶に入れ、ワインのようにブランディングすることで数倍の値段をつけることができた。また椎茸やカボスを東京の料亭などに売り込み認知度を高めたり、吉本興業と連携して野津町役場の職員を派遣してPRを強化したり、映画に知事と私が出演して、大分の産品のブランド価値を上げ、結果的に商品の価値、価格を向上させることに成功した。

日本の国のあるべき姿は、北海道から沖縄まで、住んでいる人が、自信と元気と誇りを持ち、地域の魅力に共感し、そこにしかない資源を掘りおこし、付加価値をつけ稼ぐことである。このようにお金を稼ぎ、雇用を増やし、税収をアップすることで、持続可能な、経済循環を実現することである。

観光は、地域の総合的戦略産業である。人口減、少子高齢化により、地方の衰退が懸念される中、最も成長性、経済性の高い施策である。各地域の主体的な取り組みにより、地域の魅力を高め、地域住民の誇りを高め、一次産業から三次産業まで経済波及効果は極めて高い。何よりも地域住民一人一人が参加することができ、社会の中で感謝され、褒められ、地域コミュニティの一体感が促される。特にこれからは「安ければ良い」ではなく、サービスの価値に見合った価値を設定して、地域における「稼ぐ力」、マネタイズを強化することが、地方においては持続可能な社会を実現するために重要である。

アジアNO・1の国際観光文化都市を目指す大阪

大阪の歴史を眺めると、1500年前に異国文化を取り入れ商業都市として栄えてきた。400年前には北前船や菱垣廻船で特産物を各地に流通させ、その地を富ませていき、最後に大阪の市場にもってきた。天下の台所と言われた歴史があり、日本各地を富ますゲートウェイ（入口）やハブとしてのミッションを果たした。約150年前には、自由、開放性、新進気鋭の精神の持ち主であった五代友厚が「大阪をアジアのマンチェスターに」と、国を動かして造幣局、商工会議所、鉄道、大学を民間主導で大阪に設立した。

次に約100年前の大正14年には、大阪の人口が東京の199万人を凌駕する210万人となり、大大阪時代と言われ、当時の関一大阪市長は地下鉄や現代の大阪城を建設した。自由闊達、開放性、チャレンジ精神を発揮して100年後にはパリに負けない都市になることを目標としたそうだ。私は、五代さんや関さんにはとても及ばないが、100年後にこんなおもろい人がいたと言われるよう、次のような大阪にしたいと頑張っている。

その目標は、大阪を日本の観光ショーケースとし、日本観光のトップランナーとして日本各地を引っ張っていく都市を目指したい。それにには世界の中の立ち位置を考えなければならない。まずパリ、ロンドン、ニューヨークがなにをやっているかを調査し、彼らに負けない戦略を確立したい。現在、関西三空港（関西国際空港、伊丹空港、神戸空港）はシンガポールのチャンギ空港、韓国の仁川空港に負けており、鉄道も大阪の南エリアは整備が進んでいるが、大阪ベイエリアはまだ不十分である。港湾も国際観光港としてはまだマイアミなどに及ばない。それは港湾だけでなく街並みとセットで考える必要があるからだ。街並みといえば、パリは今回のオリンピックが終わると街並みを緑化する計画があるが、大阪も万博が終わると御堂筋を緑化する計画がある。

国際都市としてゼロカーボンの意識を持たない都市政策は評価されない。大阪の都市政策を考える上で必要なのは、東京と比較するのではなく、世界の都市の中での立ち位置を分析する必要がある。また大阪だけが繁栄するのでなく、日本の各都市にも反映させ、輝かせる包容力が必要だ。東京には政府機関や企業の本社が集中しており、金融や産業、外交で大阪は対抗できない。しかし、ものづくりや食、スポーツエンターテイメントでは十分対抗できる。

大阪は関西の中心で、歴史もあり、アジアのNo・1の都市を目指したいが、近年東京に負けて低迷したことを反省したい。50年前には日本のGDPの約10%を占めていたが、今は約7・5%になってしまった。大阪は日本の観光立国のトップランナーを担うことにより、復活の土壌があると思う。私は総務省から大分県庁に出向して、約18年間滞在した。その間、人口120の都市で世界に通用するコンテンツは何かを考え、明確な夢、ビジョンを持つことにより、2002年のワールドカップの開催、Jリーグ大分トリニータの日本一達成、日本初の本格的な国際大学である立命館アジア太平洋大学など、県民が一体となって、ゼロから夢の実現を達成することができた。大阪の人口は約900万人もあり、歴史、文化、チャレンジ精神などアジアNo・1の都市を目指すポテンシャルは十分もっている。

大阪をアジアNo・1の国際観光文化都市として日本の観光振興に貢献するため、夢、チャレンジ精神で、オール大阪で取り組んでいきたいと思う。若い頃、中曽根首相から次のような訓示をうけた。それは、朝晩、どんな職業、どんな立ち位置でも、次の5つを思うことであった。①この国をどんな国にするか、②住んでいる地域をどうしたいか、③今、自分が所有する組織をどうしたいか、④自分の夢、好きなことを語る、⑤

今日やるべきことを毎日、自分自身に語ること。

さらに総務省の大先輩である石原信雄元官房副長官から「具体的かつ明確な夢を持ちなさい。夢を持つには、世界一、一流を見ることが大切である。一流や世界一のものに対して、今何が足りないのか、それを実現するためのロードマップを描くことが大切だ。夢を持ったら、本当に実現したいのなら、最後まで責任、リスクを負い、やり通しなさい。日々熱意を持って、周りを共感させ、共感する仲間を通し、その輪を拡げ、それを統率し、推進すれば、無からでも夢は実現できます。失敗は成長の糧です。夢、チャレンジ精神を持って一度しかない人生、前向きに頑張りなさい」と教えられた。この2人の大先輩の言葉を今まで糧に生きてきたが、今後もこの言葉を肝に銘じ頑張りたい。

＊　＊　＊

❖「危機に立つ国家」日本が「メイク・ジャパン・グレイト・アゲイン」と再度日本が復活するためには観光産業の繁栄こそが極めて重要であると思う。この大事な局面で大阪だけでなく日本全体の視野で観光ビジネスを俯瞰しておられる溝畑さんが登場したことは我々国民にとって幸せに思う。中曽根首相や石原信雄さんの薫陶を受けた溝畑さんは、その薫陶を生かし、日本が復活するために一層頑張って欲しいと思う。

2 「失われた30年」を克服して日本復活の道

……………多田明弘さん

多田明弘さんは、2023年まで経済産業省事務次官を初めとして大きな業績を残された。数年前のニューヨーク「法規制研究会」のOB会でお目にかかる機会があり、その時拙著『日本が誇るご縁文化』（芙蓉書房出版）を差し上げた。

今回は、辻田純一さんのお口添えで取材させて頂いたが、その後原稿を自ら書き下ろして頂き恐縮している。

失われた30年の経験

日本にとって「失われた30年」に何が起きていたのだろうか。

この国の経済を強くしたい、国民生活をさらに豊かなものにしたいと思って、1986年に通産省に入った私（多田）自身にとって、役人生活の大半が、この「失われた30年」と重なっており、内心忸怩たる思いというか、正直に申し上げて非常に悔しい。当時は、貿易黒字が積み上がり、米国から、様々な要求が出るほど、我が国は経済の強さを誇っていたのだが、今や、米国のターゲットは中国に変わり、日本はこれほどの円安になっても貿易黒字が増えないような国に変わってしまっている。一体、なぜなのだろうか？

これへの回答は、人によってそれぞれだと思うし、経済の専門家の中にも様々な意見があるが、政府の立場を離れた一個人として、敢えて単純化して、問題提起をするとすれば、国全体として「萎縮」ムード、「守り」中心の考え方が蔓延してしまっていたのではないか。その背景には、１９９０年代後半からの金融危機と不良債権処理の加速の要請が金融機関を「萎縮」、「守り」に傾斜させたことに加え、事業会社側も、債務のみならず、雇用や設備も過剰、といういわゆる「３つの過剰」問題を指摘されたことで、贅肉を落とす経営がもてはやされたことが影響したのではないか。

さらに我が国にとって不幸なことは、この時期が、市場への政府の関与を縮小するべき、そうすれば、これまでも強かった日本経済はもっと強くなっていくはずである、という考え方が広まることと重なったことである。その考え方の根本には、政府は、例えば法人税率を下げるとか、時代に合わなくなった規制は廃止する、など国際的に遜色のないビジネス環境を整備することに注力すれば良い、そうすれば、名実ともに経済の主役であり競争力を持つ我が国の民間企業が、自由かつ公平な国際競争の中で、創意工夫によって成果を挙げていくはずだ、という期待があったのだから、現実との乖離は皮肉としか言いようがない。つまり、規制にとらわれない拡大志向、「攻め」の経営への期待が大前提だったのにもかかわらず、現実には、「萎縮」と「守り」が蔓延したわけであるから。

「萎縮」、「守り」の経営の事例には枚挙に暇が無いが、端的に言えば、リスクを取った「投資」が行われなかったことに尽きる。人材が大切であることは、経営者、誰もが理解しているにもかかわらず、「賃上げ」は不十分。（一時期の円高を背景に）海外投資はするが、国内への投資は控えたまま。デジタル・トランスフォーメーションはもちろん、所有からシェアリングへのニーズの変化、脱炭素への全世界的な関心の高まりなど、需給両面で市場にも大きな変化が生じたにもかかわらず、新業態やビジネスモデルの開発に完全に出遅れた（プラットフォームビジネスはその典型）。私自身は、「内部留保」の積み上がりという事実のみをもって批判の道具に使う立場にはないが、こうした「萎縮」、「守り」の経営がそれを生んだのだとすれば、それを擁護すべきではないと考えている。

ちなみに、本論からは外れるが、「3つの過剰」の問題指摘は間違っていなかったし、これに企業が反応したことも間違っていなかったと思う。問題は「適正水準」への判断が伴っていたのか、という点ではないかと思う。例えば、人間の体重に例えれば、メタボと指摘され体重を80キロから60キロに減らそうとしたことは良いと思うが、「減量」そのものがいつの間にか自己目的化してしまい、慣性（あるいは惰性）で、盲目的に、60キロを超えて50キロまで落とし続けてしまう、あるいは同じ60キロでも筋肉が落ち、内臓脂肪となったのであれば、そのことは大きな問題だと思う。

今から振り返って、産業界だけを責めるのは公平ではないと思う。行政側にも問題はあったと思う。日米構造協議をはじめ米国政府との対峙のあり方、その後の大きな規制改革の流れとその実施の時期の判断、制度改革の趣旨・目的の徹底（仏作って魂入れず、の事態を招かぬようにする努力）、財政支援の強化に対する大きな躊躇など、行政として反省すべき点はあったと思う。だからこそ、私が役人生活の最後、事務次官在任2年間に注力したのが、経済産業政策の「新機軸」（後述）の確立だ。政府も企業も一歩前に出てリスクを取って進もう、という考えで、これまでの「失われた30年」とは異なるマインドセットで臨むものだ。

マインドセットという意味では、国全体も、企業も、個人も、いわゆる「中間管理職」的な立ち位置から脱却することが必要になってきているのではないかと思う。国としては、常に米国の庇護のもと、アジア唯一のＧ７構成国との立場を持ちながら、アジア各国をはじめ途上国との関係では上から目線を持ち続けて、何か判断を求められても、我が国だけでは決断できず、米国の意向を確認してから動き始める。企業も、まだまだ内外の同業他社の動きを気にしているし、最近では、取引価格の適正化といった要請から、下請企業との関係もナーバスになってきている。個人も、組織に属する人も、そうでない人も、自分だけで決められない窮屈な環境に違和感を持ちながらも、その状況を打破する動きを取るわけではない。むしろ、上司が悪い、部下が悪い、組織が悪い、取引先が悪い、役所（役人）が悪い、政治家が悪い、などと、何かと他者に責任をかぶせがちで、自らの責任から目をそらしがちだと言えないだろうか。今からの時代、求められているのは、そうしたマインドセットから脱却し、今の状況を変えるために、自分ができることは何か、をとことん突き詰めて考える姿勢ではないか、と思うが、皆さんはどう思われるだろうか。

最近の日本復活のきざし

失われた30年の経験を経て、ようやく潮目の変化が見られ、活力がよみがえりつつある。長らくのデフレ経済から、消費者価格の上昇が懸念されるような環境になってきていることもあるが、一つは、実質所得上昇も間近になりつつある賃上げの動き、もう一つは、昨年度１００兆円の大台に乗った極めて旺盛な国内設備投資の動きである。こうした動きを一過性のものに終わらせず、しっかりと定着させていくことが日本経済の将来を見通す上で大きな鍵になる。

こうした考えから、今、経済産業省が前面に立って推進しているのが、経済産業政策の新機軸。伝統的なターゲティング・ポリシーに基づく産業政策でもなく、全てを市場に任せれば結果がついてくる、という新自由主義的な政策でもなく、先行き不透明な時代環境下において、内外の社会的な課題の解決に資する分野については、事業の予見可能性を高める観点から、市場見通しの提示、政府の財政支援規模の提示と現実の財政支援の実行など、政府も前に出ながら、企業活動の加速を促していく、その際、自由貿易に立脚する我が国として、当然のことながら、自由貿易を是とし、またマーケットメカニズムの最大限の活用という大前提は維持をしながら臨む、という21世紀型の新たな官民連携の手法である。

この経済産業政策の新機軸の具体的な実行例としては、①DX、GX、経済安全保障という社会課題に応えるために必要不可欠な半導体。まずは、国内に生産基盤の無かったロジック半導体の生産工場として、熊本にTSMCを誘致（最大財政支援額は1兆2000億円強）。さらに、世界からの10年遅れた次世代半導体（ビヨンド2nm）の研究開発・量産体制確立を目指す北海道でのラピダスを立ち上げ（最大財政支援額は9200億円）、かつて世界の半導体産業の80％を占めたにもかかわらず15％にまで凋落した事実を猛省して取り組む。②CN目標（2050年に温暖化ガスの排出を実質ゼロとする目標）を実現するべく、10年間で150兆円以上の国内投資が必要としたうえで、そのうち20兆円は政府が財政支援を行うこととした。この規模の明示も大きな特徴だが、画期的なのは、その財源をまかなうため、将来導入される炭素賦課金等を償還財源として、GX債という新たな国債発行を決めたことだ。財政事情にも配慮しながら、他方で、将来の負担を明示する

ことで産業界の取組を促す制度的なインセンティブとすることも考慮した新たな政策手法である

これらの政策の中核となるのは、大きな目標を共有した上で、適度な緊張感を持ちながらの官民連携。官民といっても、今や産官学金（産業界、自治体を含めた官の領域、大学や高専を中心としたアカデミア、金融界）とプレーヤーは多様。この間の連携をより緊密にしながら運営していくことが不可欠だ。

今、何かと話題になっている２０２５年の大阪・関西万博。来年4月からの開催で、もう３００日を切っているのだが、失われた30年からの脱却、潮目の変化が現実のものとなりつつある中で、一時の経済効果・景気浮揚効果に限ることなく、むしろ、将来の日本の活力、イノベーション力を高めていく、という観点から考えると極めて重要なイベントになると思うし、そうしなければならないと思う。

ネットに情報があふれる現代においてリアルに世界中から展示ものが集まる万博の開催意義は、一言でいうと「セレンディピティ」（素敵な偶然に出会ったり、予想外のものを発見したりする、偶然性の賜）であると思う。実際に、１９７０年万博の時にも、お目当てのアメリカ館やソ連館に長蛇の列ができていて入れなくても、他の館で予想外のものを見つけて感激する人たちがいた。今回の万博でも、日頃、国の名前も聞いたことのないアフリカの国々の展示に、心を揺さぶられる経験もあるだろう。そうした「未知との遭遇」こそ、万博の最大の魅力だと思う。私の友人にも、「70年万博で偶然に入ったスイス館の『光の木』の光景が忘れられず、照明デザイナーを目指すことになった」という者がいる。

自分の人生に影響を与えるという意味では、ＩＰＳ細胞の山中伸弥先生や宇宙飛行士の野口聡一さんも同じだ。お二人とも大阪万博での感動が職業選択に大きな影響をもたらしたそうだ。大阪万博はもちろん、２

005年の愛知万博を知らない世代も多くなってきている。彼ら彼女ら、若い世代の皆さんには、親にねだってでも、今回の万博に足を運び、その後の人生に影響をもたらすような大きな感動を経験し、夢を見つける機会にしてもらいたいと心から願う。

「セレンディピティ」は若者だけの話ではない。「未知との遭遇」は、イノベーションの源であろう。どんな世代であろうと、行けば必ず、その人なりの刺激や感動があり、その後の生活、仕事にプラスの影響があると思う。もちろん、企業にとっては、新たなビジネスのヒント、技術開発へのアイディアとなることもあるだろう。潮目の変化の中で、来年に開催を控えた大阪・関西万博が日本の復活への大きな転機となることを信じてやまない。

＊　＊　＊　＊

❖日本の経済が低迷する中、経産省の事務次官に就任され、何とか日本経済を復活させようと大役を担われ、日本経済もその端緒にたどり着いたように思われるが、その努力に敬意を表したい。今回の取材もお忙しい中、すべて本人が書き直して頂き恐縮している。事務次官は退官されたとはいえ、これからも日本経済復活の重責を担当される方であり、日本のためにこれからも一層頑張って欲しいと思う。

3　日本経済の構造改革の必要性と自動車産業のゆくえ

……………………杉田定大さん

杉田定大さんは、東京工業大学特任教授やＳＭＢＣ日興証券顧問などで多忙な日を送っておられる。日本の政府高官をされておられた10数年前から知己を得ているが、最近は同じ関西ベンチャー学会の役員として研究させて頂いている。杉田さんはアジアビジネスと深く関わっており、最近の日本の自動車産業の動向などをお伺いした。

日本経済の構造改革の遅れ

失われた30年という言葉をしり目に、日本も明るくなるという意見もあるが、本当に日本は大丈夫だろうか？　補助金政策を上手に運用すればなんとかなるという意見もあるが、現在円安が続き日本を支えている自動車産業以外に、これから日本の経済を本当に回復させる産業はあるだろうか？　例えば政府が巨額の補助金を出して支援している半導体産業では熊本のＴＳＭＣは期待できそうだが、北海道のラピダスは操業の開始は２０２７年と不確実性が残っている。

このように電子産業が稼働したとして、次の医療産業がどうなるか問題が残っている。政治主体の補助金により産業育成するには、本来は企業の自助努力によるべきである。そのために今日本にとって一番大事なことは、長期的な観点から見た規制改革や産業構造改革である。

例えば、これまで安倍元首相や菅元首相が苦闘してトライしてきた経済の規制改革は、現在どうなっているのだろうか？　岸田前首相が提唱する「新しい資本主義」は分配を重視しているが、いつまでにそれを実行するか約束しておらず、不徹底で基本的な改革ができていない。例えば世界の各国が実施しているライドシェアについて、なぜ日本だけがタクシー会社支配のライドシェアで、広く一般的な完全なライドシェアができないのか。またスタートアップ・ベンチャーを5年で1万社立ち上げる計画あるが、何をするか不明確である。

スマートホンのビジネスこそ重要であるが、規制改革が不十分で、なかなかビジネス化できない。日本は安全で現状肯定型ビジネスが強くなっていないだろうか？

現在の日本の経済状況は、株高になっても構造改革ができていないので円安になってしまった。どうして円安になったか、もう一度考えてみる必要がある。一つには賃金が上がっていないことと、何とか金利を上げて円高にしたいが、そのための競争力がついてこなくなっている。特に中小企業がネックで、中小企業育成の税制優遇を実施しても、税金を払っていない企業が多く効果が期待できない。しかし最近製造業で従業員300人以下の中小企業と区別して、従業員2000人以下の中堅企業には優良企業が多いことが注目され、税制優遇は効果的である。

世界情勢の中での日本

今中国をどうみるか。中国の景気がどんどん悪くなってきて中国から撤退する話が多い。中国といままでいろいろ付き合ってきたのでどうするか、よく考える必要がある。利益の２～３割が中国で、中国の景気の影響をうける企業が多いが、中国は日本にとって重要なパートナーであるので長期的な観点からよく考える必要がある。

ヨーロッパで移民の問題が大きな問題になってきた。フランスではこの問題で国民連合のルペンが出てきて、イギリスも移民政策ですべて失敗しており、本当に大丈夫かと思う。アメリカではトランプが勝てば１５００万人の移民を返すと言っているが、そうすればカリフォルニアなどで働く人がいなくなってしまう。経済政策としては本来、中南米や途上国への経済援助を現地で働けるような援助の仕方を考えるべきだと考える。

コロナ禍が終わり、日本では最近インバウンドが盛況になり期待されている。但し中国人旅行者が日本に来ても、すべて中国の会社が関連の旅行代理店、ホテル、お土産サービスなどを手配し、お金が中国に環流するシステムが出来上がっているようだ。また２０２５年に開催される万博も経済効果が期待される。是非成功して欲しいが、これはワンショットのビジネスである。

もともと万博とカジノ（ＩＲ）は同時に開業予定であったが、その後の種々の理由でカジノが遅れタイムラグができ、最近は地盤の軟弱やガス漏れが発見され、恒久施設の建設に注意が必要になった。本来はカジノで大阪が変わる予定であったが、それが見えていない。

今後の日本の自動車産業のゆくえ

今まで日本は主要産業として自動車で支えてきたが、最近東南アジアに出張してみて、日本の自動車産業が危うくなっていること実感させられた。

以前から東南アジアには中国に進出してくると言っていたが、それが現実になり、安閑としておれない。日本車が支配していた東南アジアでは最近中国車が売れ出し、そのシェアは2～3割に達しているかもしれない。現に2024年7月5日の日経新聞によると、タイの自動車の日本シェアは2019年度には90％あったのが、2023年度に78％に下がり、一方で中国勢はほとんどEV車（電気自動車）で、2023年度にはシェアが11％で、2019年度に比べ5倍になったそうだ。またタイでは、2035年には新車の販売の5割がEV車になると予想されている。

これまで日本企業は日本車の販売にともない、メンテ用部品の供給とその価格引き下げや、サポートの拠点を作り、関連業界として損保保険や関連する総合サービスを含め、多くの収入を獲得し、日本にお金をもってきたが、それが失われつつある。

ところで、日本の自動車産業がもう一回頑張れるかどうかが大きな問題である。中国のEV車メーカーは競争が厳しく、最近は少し戻してきたものの、値引き合戦しても売れなくなってきている。これはキャズム（深い溝）と呼ばれる現象である。HV車（ハイブリッド車）は少し見直されてきたが、HVは恒久的なグリーンカーになるかは疑問である。基本的にHVではグリーンナンバーをとれない。HV車は中国では正式にグリーンカーとしてのライセンスが認められておらず、インセンティブもないからで、東南アジアもよく似ている。

ＥＶとＨＶに関してはマーケットによって違うと思う。日本ではＨＶがよいが、中国ではＨＶはあまりはやらなく、東南アジア、さらには欧州もＥＶ中心になると思う。アメリカは州によってＥＶが伸びるところと伸びないところある。トランプが当選するとＥＶへの関心は少し減るかもしれない。

何が大事かと言うと、マーケットによって得意、不得意があり、自動車市場も変化している。トヨタのような１０００万台つくる会社はＨＶとＥＶ両方製造でき、フォルクスワーゲン、フォードも同様にできると思う。現在トヨタはＨＶで稼いでいるが、ＥＶで頑張らないといけない。日系メーカーはＨＶに安住するのでなく、ＥＶで頑張ることで世界のマーケットで勝ち抜いていけるだろう。

日本の自動車メーカーはエンジンでは強いが、ＥＶは違うので、そのコツをつかんだ上での発想の転換が必要である。まだ日本ではＥＶの特徴を把握できていない。今回の北京モーターショウでは、スマホなどの総合家電メーカーの中国のシャオミ（小米）がＳＵ７というＥＶを出し、大変人気を呼んでいる。もともと小米はスマホメーカーなので電動化が進んでおり、エンジンなど考えていない車の発想である。そのうえ、欧州のデザイナーがデザインしてカッコよい車になった。それはかつて日本のマツダの車がヨーロッパのデザインでカッコよい車に仕上げられたのによく似ている。そういうことが日本でできるかどうか、頑張れるかが問われている。トヨタも今安くて良いＥＶを作ると頑張っている。トヨタのみならず他の日系メーカーにも頑張ってもらいたい。

＊　＊　＊　＊

❖杉田さんは元エリート官僚であるが、退官後も大学教授や証券会社の顧問など多方面で活躍されている。現在の日本の状況をみると、グローバル・サウス（南半球に属するアジア・アフリカ諸国）の中でもその存在価値が低下している。杉田さんのように、東南アジアで主に日本の自動車について追跡されておられる仕事はわが国にとって極めて重要なので一層頑張って欲しいものだ。

4　前湖西市長から見た日本の革新的構造改革！

……………………三上　元さん

三上元さんは静岡県湖西市長を3期務められ、退任後の現在も湖西市議会議員を務められている、熱意に溢れた政治家である。以前は、船井総合研究所の取締役として、経営コンサルタントとしても名を馳せた方である。湖西市長時代に友人から紹介頂き、折に触れてご高説をお伺いしてきた。今回、大阪に来られた際に立憲民主党の重要な党員として日本の政治をどう改革すべきかをお伺いした。

自民党独占で政権交代できない日本

憲政の先進国と言われる英国では保守党と労働党、アメリカでは民主党と共和党がタイミングよく政権交代し、バランスのよい国家の運営がなされている。この両国が二大政党の政権交代で議会が運営されているのは、比例代表という投票制度がないからである。

比例代表制のある日本では、得票率1・77％のスポーツ平和党（1989年）や1・97％のNHKから国民を守る党（2019年）でも議席を獲得しているが、二大政党の英米ではミニ政党はみられない。なぜ日本に多くのミニ政党が存在するかといえば、一定以上の投票数がないと議席が与えられないという阻止条項の規定がないからで、問題を起こすミニ政党もあり、健全な議会運営が妨げられることもあった。

ミニ政党乱立を阻止するため、ドイツなどでは3～5％の得票率がないと政党として認められないという阻止条項がある。ドイツはこの事項により、日本に比べてかなりミニ政党の進出が抑制されている。日本も健全な政権交代で議会運営を行うためには、この阻止条項を設けて、有力な政党間で政権交代して安定した国会運営が為されるように期待したい。

アメリカやイギリスは議員を比例で選出する制度がない。日本やドイツなどは、資格のある政党への投票数とその政党の候補者を投票数の比例で選出する。比例選出制度のある国では2つか3つの政党にならず単独政権も難しいので、日本もドイツも連立政権になる。

かつて日本では中選挙区制度を採用していた。この制度では1つの選挙区で複数議員を選ぶため、同一政党から何人も立候補者がでる。費用がかさむ、共倒れの恐れがある、政策本位でなく個人の争いになる、などの弊害があり、細川内閣の時に廃止され、小選挙区比例代表並立制に移行された。細川さんは、「比例代表5割、小選挙区5割の選挙制度に改革したかったが、実際には比例代表4割、小選挙区6割」になってしまったと言っていた。また、比例で選出する国は、二大政党でなくてドイツでも日本でも多くの政党が議席を獲得する。

憲法を改正せずに軍事費が増大する日本

日本は先の戦争で敗れた結果、二度と戦争をしないという平和憲法を制定している。しかし敵基地攻撃能力まで持つのは「戦争をしないと書かれている日本の憲法に違反している」というのが多くの憲法学者の見解である。しかしこれも、自民党に近い憲法学者により拡大解釈がなされている。

また軍事費も、現在のＧＤＰ１％枠が外され、２％を目指している。もし２％になれば、日本の軍事費はドイツやイギリスを抜き、アメリカ、中国、ロシアに次ぐ第４位になる。憲法を変えずに日本が軍事大国になるのはいかがなものかと思う。

急激な人口減が心配な日本

２０２３年の日本の人口は１億２４９８万人で、11年連続して減少している。

人口１億人を死守しなければとまでは思わないが、あまりにも急激な人口減少は経済の衰退につながり、問題が多い。近年、先進国を中心になぜ人口が減少しているのか。①教育や子育てに金がかかるため。②結婚しなくなり、50歳男性で3割、女性で2割が未婚である。③マザコンなど母親離れできない。④農薬の食品などで体質がかわる。などの理由である。④については、フロリダのワニのオスの性器が小さくなっているとの学者の報告がある。理由は農薬や防腐剤の影響であろうという説があるが、その理由が当たっているかもしれない。

このような人口減をどうすれば解消できるか。スウェーデン、フィンランド、フランスなどの先例に学ぶべきであるが、多くの理由は、①の経済的理由である。フランスなどの欧米諸国では18歳になるまで子供に月3万円を支給することで人口減を見事に克服している。日本でも兵庫県明石市の例がある。泉房穂前市長は「5つの無料化」として、①こども医療費無料化、②第二子以降の保育料の完全無料化、③0歳児の見守り訪問「おむつ定期便」、④中学校の給食費を無料に、⑤公共施設の入場料無料化、その他子育て支援の職員数の増員などを実施した結果、明石市の人口は10年間連続で増え続け、全国の中核市（人口20万人以上）の中で人口増加率が1位になり、2020年には人口30万人を突破した。

日本経済が低迷するのは経営者が冒険しないからだ

日本企業の内部留保（利益剰余金）は近年増加し続け、2023年には過去最高の555兆円に達した。企業が経営努力して獲得した利益は、投資として未来の会社発展に使うか、その分け前として社員にも還元するかすべきである。しかし、日本の経営者は冒険を嫌い、安全策としてひたすら内部留保として貯め込んできた。その結果、会社の株価は上昇したが、労働者の所得は増えず、消費にも回らず、国の経済は成長しなかった。

給与が増えないとは言うものの、ハイテク企業等の高給サラリーマンは別で、二局化現象がみられる。労働組合への加入者数は減少しているとはいえ、毎年少しずつ賃金を引上げている。問題は、パートなどの非正規社員の給与が増えないことである。小泉内閣の時代、企業は賃金を抑えるために非正規雇用者を増やしたが、彼らを保護する非正規社員の労働組合は結成されていない。彼らの給与は厚生労働省の中央最低賃金審議会や地方の審査会によって決定されるが、この会の委員は主に学者によって構成されている。委員たちは現状認識が甘く賃金引上げに積極的でなく、最低賃金が低く抑えられている。委員の構成を変えるか、政府がトップダウンで賃金引上げを決定するか考える必要がある。

原発廃止と心配な日本の食料自給率

原子力発電に関して、①日本には多くの活断層が存在しすべての原発が危ない、②福島原発事故でも事故による被害額は日本経済研究センターの試算では50～70兆円と巨額である、③六ケ所村の再処理工場での処理が停滞している、などの理由で私は原発反対を提唱している。「原発陣営から聞こえる、断末魔の悲鳴」と題したチラシを作り、「原発ゼロ」への活動を行っている。

最近の日本の食料自給率がカロリーベースで38％であることが話題になっているが、家畜の飼料、肥料、タネ、農薬などを含めると9％との意見もあり、海外貿易がストップすると日本の食料事情は危険になる。それに現在、米作農家などでは高齢化で廃業する人たちが増えているが、何とかして日本の農業を復活させなければならないと考えている。学校給食の6割ぐらいまでご飯に戻っているそうだが、日本の米作農家が減少した一つの理由には、戦後、アメリカの小麦などの余剰農産物の処理のため、学校給食をパン主体にしたことが大きいと思う。日本の農業復活は喫緊の課題である。

＊　＊　＊

❖私は保守政党支持派であるが、欧米の先進国をみても、保守・革新の二大政党が政権を適宜に交代して健全に運営されている国々が多い。そういう意味では日本の革新野党が政権を担えるほどに成長して欲しいと思う。三上さんのような政治家が今後一層活躍されることを期待したい。

5　混迷する世界情勢にあっても、我が日本の生き残る道を考える

……………………………上田和男さん

上田和男さんは、アメリカの大学院を卒業され、ＴＤＫアメリカの支配人を11年務め、同社を北米で業界トップにされた。その後ジョンソン社日本の常務を5年、カナダの住宅販売のトリプルＭ社のＣＥＯを18年も務められた。北米で会社経営を30年も務めた有能なビジネスマンである。私の高校・大学の先輩であり、大変お世話になった。全ての面でかなわない尊敬する先輩である。

日本民族が縄文時代より紡ぐ2万年の歴史

最近、日本の縄文時代がドイツやアメリカの学者をはじめ世界から注目されてきた。まず、縄文土器の形状に関心が集まった。欧州で出土した土器は、焼いた肉を食べる平たい皿と、ワインなどを貯蔵するツボであった。それに対し、縄文土器には火焔土器などのような複雑怪奇なデザインのものもあった。その多様な形状からみて、煮炊き、蒸す、炒める、生で食べるなど多目的な料理に使用されていたと思われる。

縄文時代の食生活は多彩で、現代の日本の食文化の原点と考えられている。一般的に縄文時代は約1万6000年前から始まったと言われてきたが、最近、旧石器時代の岩宿の4万年前の磨製石器発見などもあり、最古の文明の集落跡の遺跡発見（青森の磨製石器や土器）も1万6500年前を中心に、少なくとも2万年前

に縄文時代が始まったといえる。

現在、日本で縄文遺跡が残されているのは、北海道と東北、たまに関東である。西日本にあまりみられないのは、この時代は温暖な気候であったからだ。超温暖な時はアジアの南の海洋民族は日本に移住してきた。その根拠は、日本人のＤＮＡを見ると、20～30％の日本人は縄文人のＤＮＡを継いでおり、このＤＮＡはハプトグループＤ（Ｙ染色体）で、このＤＮＡは現存民族のチベットやポリネシアと共通していた。むしろ弥生以降の中国、朝鮮人のＤＮＡより古く強いことで証明されると思う。

弥生時代には寒冷化が進み、彼らは気候が温暖な九州、沖縄、四国に移動してきた。また、古代史でも大和や九州瀬戸内へ中心が移った。さらに付け加えれば、海水温の上昇、降下も気象変動に影響をあたえ、海面も上下することも分かってきた。

日本の稲作は、弥生時代に中国人と韓国人が日本に持ってきたとされていたのが定説であった。しかし、稲作（陸稲）は８０００年前の東北・北海道の縄文人耕作地跡が発見されており、この日本の陸稲が南方や中国に移転し、ジャポニカの米が水耕の稲作になり、揚子江下流域より７０００年前に日本に移転してきたに違いない。歴史の真相は逆で、元は縄文人が稲作を始めたと見るべきだ。

さて、最近の地球温暖化問題について、世間ではＣＯ２が原因だと言われているが、この地球温暖化ＣＯ２主因説は、欧米の元共産主義学者が、ソ連崩壊で、経済政治学で食えなくなったので、人権や環境問題で世論、政治主導に転じ、公金を得るための活動に拠るので眉唾物だと、最近は、批判の的になってきた。根源的には、太陽の活動周期、最短は11年、総じて千年、万年の大きな周期で変動しており、気候変動はＣＯ

2の変化とはあまり関係なく、太陽と地球の関係から、もっと長期的にみるべきである。

今、NHKの大河ドラマで平安時代が取り上げられている。この時代の寝殿作りの家屋は、軒先があり風が通り紙の襖で仕切られているが、それはこの時代は温暖であったからである。一方、江戸時代は赤穂浪士の雪でみられるように寒冷な気候であり、地球の気候はCO2に関係なく地球と太陽の関係で長期的に変動するもので、CO2による温暖化説は一考を要すると思う。

日本が誇るご縁文化

さて、このように縄文時代から続いてきた日本民族特有の歴史であるが、日本人特有のご縁文化がある。このご縁文化に関しては時代が大分下るが、明治時代に福沢諭吉先生が日本人の繋がり文化を面白く紹介している。ご縁を福沢先生は「人間（ジンカンと読ませる）関係」という言葉を使って、「ソーシャル」という社交関係を重視し、日本のご縁の大事さを強調した。そして、今も盛況をかこっている交詢社を設立し、主に慶応の卒業生のつき合いを大事にした。交詢社は日本的ご縁大事の伝統の具現化の実例で、今も銀座にある。慶応の卒業生は実業界を中心に、政治、学術、芸術、文化の各界で活躍している。卒業生の親睦団体の三田会は活発で、集める寄付金は他大学に比べて圧倒的に多いそうだ。

慶応の三田会に関して思うのは、日本の「ご縁」と欧米の「ネットワーク」の違いである。欧米のネットワークは、一時的、個人的、趣味、ビジネス、政治などに関するものであったが、日本のご縁は、親族、職場、母校、地域社会など全般的な付き合いで社会、国家全般へ広がっている。この違いは、欧米の宗教はキリスト教、イスラム教、ユダヤ一神教など聖典主義だったが、日本の原点の神道は聖典なしで、山川草木、自然崇拝のフレキシブルで自由闊達な雰囲気なつながりで醸成されたものであったからだと思う。

混迷してきた現在の世界情勢と日本

アメリカの社会情勢や政局を見ると、民主党は、中道を行くバイデンの勢力はやや弱く、むしろ左派カマラ・ハリス以下、サンダース他の極左の元共産主義者らの支持層に押され気味である。一方の共和党では、トランプは圧倒的で、彼は「ＭＡＧＡ」(Make America Great Again) のスローガンのもと、アメリカの再復活を標榜し、多くの支持者を得ている。

この考え方は欧州にも影響を与え、「ＭＥＧＡ」(Make Europe Great Again) のスローガンのもと、極左を排除し、保守化してきた。欧州議会やイタリアのメローニ首相、フランスの国民連合のルペンが人気を博し、移民反対、温暖化対策反対や、中国への過度なサプライチェーン依存離脱も主張している。

一方、中国がアメリカと並ぶ強国になったが、これは米欧が、中国はそのうち民主国家となると思い支えてきたからで、日本も多くの企業がこぞって中国に生産移転し、中国の製造業を発展させた。このような欧米と日本の支援で中国の経済は急成長し、アメリカと東西を分ける世界の二大強国となった。

しかし、最近の中国も多くの誤算が出てきた。習近平が毛沢東のまねをして独裁体制を築いたことにより、次のようないびつな側面が顕著になってきた。①夫人が表面に出てきた。②周囲の配下は経済音痴の太子党で固め、胡錦涛や李克強など〝共青団〟の経済通がいなくなった。③コロナと不動産不況対策で失敗した。

④民業圧迫と戦狼外交（外国資本逃亡）も失敗である。⑤金持ちをターゲットに税金を上げた。

その結果、ジャック・マー（アリババで大成功）は、シンガポールや日本を基点に、教育文化事業を欧米日、アフリカ、中東で展開中である。ジャック・マー以外でも日本やシンガポールに国外に移転する人が多数できた。

また、過去の日本経済成長を見ると、1970年開催の日本万国博覧会の時代が輝いていた。これは、万博は、堺屋太一さんなど経産省（当時通産省）主導で開催されていたからで、それに対して、財務省は守旧派で財政均衡を企図するだけに保守的になり、過去に5％の消費税を2回も上げて10％にしたのは経済成長の面からみれば経済成長が抑制され、誤りであった。経産省の積極的に経済を牽引する政策は評価すべきで、内閣では中曽根首相、安倍首相がよかったと思う。

期待される日本経済復活の兆し

アメリカと中国が混迷を始めた中で、日本は最近復活の兆しが見えてきた。その象徴は虎ノ門ヒルズや六本木ヒルズ、麻布台ヒルズなど大型複合型ビルである。構成は、屋上緑化、上層階高級マンション、中層階高級オフィス、低層階商業施設（レストラン、ファッション、画廊等）である。一階や地下は、集会所、スポーツジム、プール、サウナ、社交サロンなどになっている。

これまで中国や欧州、従来の日本の高層ビルと言えば、住居用、商業用、事業用など目的別のビルであるが、この大型複合型ビルは日本の森ビルが発案したもので、世界から注目されている。それは、①一社で投資するのでなく、住居用、商業用、事業用などそれぞれの目的の投資家に人気を呼んだ複合型事業である。②30億円もする最上階のマンションは中国人などの金持ちに完売している。③そして、ビルで囲まれた地上の〝中庭〟は、噴水や水回りと緑化、花壇などの効果で、都心の古いビル街、商店街よりも気温が2～3度も低く出来たことが、世界の注目を受けている。中国人のみならず、欧・米・中東の大富豪が居住、ビジネス拠点に進出中で、引く手あまたな状況である。④不動産開発出資者も、ビル全体ではなく、部分保有することで、投資リスクを防止でき、むしろ協業、協力効果を発揮中である。言い換えると、オフィス、商業施設、娯楽施設など違ったコンセプトで建設し、それぞれ別個に投資するためリスクが分散する日本の新しいビジネスモデルである

次に注目されるのは、日本の半導体製造の復活の兆しである。それは熊本のＴＳＭＣ、千歳のラピダス、その他半導体産業復興は九州、北海道のみならず、広島、岡山、山形など全国の地方活性化へ繋がり中である。

日本の半導体製造はかつて世界の80％を占めていたが、現在は15％に落ちてしまった。しかしここに来て、半導体産業の復活の兆しが出てきた。その理由は、①日本のモノづくりの技術が素晴らしく、インフラも充実している。②半導体製造に必要な水が九州や北海道で素晴らしくよい。水がよくないと低いナノレベルの半導体がつくれない。最先端の1～2ナノの半導体はまだ中国では作れていない。③日本の強みは、電子部品素材のみならず、前工程、中工程に欠かせぬ半導体製造装置（現在も世界一のシェア60％）にある。

以上の理由により、日本の半導体産業の復活を期待したい。

次に期待できるのは自動車産業である。最近は環境にやさしいと言われ、欧米や中国ではＥＶ車（電気自動車）が人気を呼んできたが、それに変化の兆しが見えてきた。一因は、中国によりＥＶ車に必要なリチウムが入手制限されたことである。さらに、ＥＶ車には、熱帯や寒冷地には不適合、充電に限界があり、また事故多発、中古車などの問題がある。ガソリンの内燃機関には捨てがたい良さがあり、水素車についてもその開発に注目したい。

一方、ここにきてＨＶ車（ハイブリッド車）のどんでん返しが起こりそうだ。日本が世界をリードするハイブリッド（ＨＶ、ＰＨＶ）が欧米で、ＥＶを逆転し、見直されてきたことが大きな変化である。先にも述べたが、ＥＶ車が宣伝するＣＯ２主因説は、欧米の元共産主義学者が人権や環境問題で世論を喚起して公金を得るための活動であることに留意したい。

今、気になるのは国連が機能不全になったことである。国連は戦後、戦勝国主導でつくられた機関であり、敗戦国の日本やドイツは常任理事国から除外され、不遇をかこってきた。そして中露の横暴、特に中国が諸機関へ人材を送り込み（貧乏国を買収して多数決を悪用）、国連諸機関を支配していることが問題化している。

ここに来て国連改革は喫緊の問題になってきたが、現在の常任理事国の拒否権をなくし、多数決で決定すべきである。また、日本とドイツは常任理事国にすべきで、トランプが当選すると国連改革を提言するかもしれない。

日本に期待できる教育改革

鉄は熱いうちに打てというが、これから日本が復活するためには若者を育てていかなければならない。また昭和の時代は、大企業では社内研修で社員を教育してきたが、最近はそれが減少している。そこで、中学卒業時の若者はまだフレキシブルなので、専門学校的な高校でＩＴ、生理学、科学、芸術、文化、工業、技術、宇宙産業などの科目の授業を行い、英語も外人教師で読み書きと会話を教える３〜５年の科学専門学校を新設することである。ニデック（日本電産）の永守重信さんは職業教育専門高等教育校の卒業者で大成功されているが、この専門学校設立のヒントになる。

戦後日本の歴史教育は、文科省に左翼の官僚が多く、若者に自国に誇りをもてない自虐思想的な教科書を使って勉強させてきた。しかし、若者が本当の日本を理解し、この国を愛するように育てる必要がある。２０２５年度からの中学教科書に竹田恒泰さんの皇国史観的教科書が採用されるが、日本の若者もこの本を使って自国を正しく評価し自国を愛する若者に成長して欲しい。

私（上田）は、アメリカのシラキュース大学の大学院でコンシュマー・マーケティグを研究しＭＢＡを取得した。その際ケーススタディの研究が大変参考になった。エアコンや食器の会社が調査を受け入れてくれ、販促、消費者動向、商品企画を徹底的に研究した。この研究は後に、ＴＤＫやカナダの建売住宅会社を経営した時に大いに役立った。

レーガン大統領が基礎教育を充実した教育改革をして「危機に立つ国家」アメリカを救ったことは周知のことだが、彼はその時なんと日本の寺子屋をモデルにしたそうだ。レーガン政権の教育庁は、寺子屋のみならず、江戸時代の藩校制度、明治の教育勅語（道徳教育）などの日本の良き伝統教育方式を多く採用した。また教会で勉強を教え、コミュニティ・カレッジを重視して移民の人達の勉強を助けたそうだ。その成果は、巨大ITコミュニティ・カレッジ移民2世、即ち、ザッカーバーグ、ラリー・ペイジ、セルゲイ・プリン、ジェフ・ベゾス、後のイーロン・マスクらへ繋がった。

また、内村鑑三著『代表的日本人』で紹介されている上杉鷹山をケネディ大統領が尊敬していたことは有名だが、レーガン大統領も同様であった。それは上杉鷹山が藩校を再興させ、身分を問わず農民にも学問を学ばせたからである。これに反して、レーガン政権下では基礎教育が不十分で、ゆとり教育で失敗していた。にも関わらず、当時（1980年代）の左傾化していた日本の文部省はアメリカが失敗したゆとり教育を日本に導入し、失敗したことは残念だ。

以上のように、日本の教育も様々な歴史を遍歴してきたが、最近は少し潮目が変わってきた。それは、①今までの世論は左翼のメディアに影響されてきたが、現在の若者がテレビや新聞を読まなくなりメディアに影響されなくなり、30歳以下の人達はやや保守化してきた。②文科省も少し保守化し、日教組も加入率が20%に落ち、野党政党も維新や国民が保守化して立憲、共産、令和と袂を分かち始め、労組も共産党から離れ、中道化してきた。③30~40歳のミレニアム世代が日本の現状に気づき始め、教育に関する考え方に変化が出てきた。

以上からみて、MJGA（Make Japan Great Again）をスローガンに日本の復活がこれから期待できると思う。

＊　＊　＊　＊

❖上田さんは、「日本千思万考」というメルマガを定期的に発信されている。この内容は保守的な立場から、世界情勢の中で日本が国家としていかに立ち行くべきかを論説するものである。この論説は物凄く高レベルで、特に国際関係に関しての内容は充実している。上田さんに「どうしてこのような高度な記事が書けるのか」とお聞きしたところ、「長年の海外生活で築いた外国の友人たちによるネットワークで築いたものだ」と言っておられた。

一方で、日本の古い伝統文化にも興味を示された。私が『日本が誇る「ご縁」文化』（芙蓉書房出版）を上梓した時には関心を示してくれ、東京でこのテーマで講演会を開催して頂いたことがある。

6　関西の復興は期待される新しい「うめきた開発」から!!

中沢則夫さん

中沢則夫さんは、１９８６年に通商産業省（現・経済産業省）に入省され、ケンブリッジ大学客員研究員、フィリピン駐在やＪＥＴＲＯ（日本貿易振興機構）サンフランシスコ所長をはじめ国内外で要職を歴任された。現在は大阪駅裏の開発を目指す「うめきた未来イノベーション機構理事長」として忙しくされている。中沢さんにご縁を頂戴したのは最近だが、百年来の知己のごとく感じる大変素晴らしい方である。

今回は、大阪の「うめきた開発」に関連して、日本はどう復活すべきかについてお伺いした。

ゆでガエル現象の日本

日本が西側第二の経済国となったのは、ちょうど前の大阪万博の頃である。戦後の荒廃から見事に復興し、高度成長を遂げ、世界中から「日本の奇跡」と称賛された。ドルショックや石油ショックを克服しながらバブル景気へ。そして崩壊した。前世紀のうちには、いずれ日本経済も復活するだろうという期待はまだあったと思う。

しかしながら、「失われた10年」と言われていたのが、いつの間にか20年、30年となり、ＧＤＰで中国に抜かれ、ドイツに追い付かれ、間もなくインドに抜かれていく。あの奇跡を成し遂げた日本と何が違うのか？経済環境や社会構造、国際情勢の違いはあるが、それだけだろうか？

日本の経済・社会が「ゆでガエル」症候群に陥っていると指摘する声は多い。破滅的な危機（＝クライシス）に臨んでは、やむなく徹底的な制度の見直し、痛みを伴う構造改革を行わざるを得ないが、不具合（＝トラブル）のレベルにとどまる時には、その問題を克服しながら旧弊を維持してしまうということだ。幕末明治維新の時やアジア太平洋戦争の敗戦では、大きなレジーム転換が行われた（と思われる）。阪神大震災、東日本大震災、コロナ禍といった強烈な危機は、日本の国力と国民の英知をもって克服できたことはある意味誇るべきことである。バブル崩壊の破壊力も本来致命的なショックだったはずだが、東南アジア諸国を襲った経済通貨危機のレベルには至らなかった。ただ、それは危機を繰り延べただけだったのかもしれない。

アラームが鳴りまくっているのに、変えられない。このままじっくり滅んでいくのだろうか？　と思うと寂しいような、残念な気持ちにさいなまれる。

関西経済の凋落と復活の鍵

目を関西経済に向けてみると、これまた「長期凋落傾向にある」と言われて久しく、客観的なデータからみる限りは有効な反論はしにくい。若者を中心に首都圏に人材が流出してきた。本社あるいは本社機能を首都圏に移す関西企業が続出し、その流れが止まらない。情報発信も、金融機能も、文化・芸術活動も、世界的にみても魅力の高い首都東京の引力に引き付けられている。

この凋落トレンド傾向から抜け出す方策はないのか？　温故知新を試みる。

関西が栄華を誇ったのは、明治、大正から昭和、戦中を超え、高度成長期に至る時期。関西・大阪には、全国各地から有為の人材が集まってきていた。ビジネス・マインドに溢れた人たちは、個々のビジネスの起業はもちろん、インフラの整備を民間主導で進め、社会の制度や商慣行を大阪発で形成していった。五代友厚（大阪商工会議所、薩摩出身）、川崎正蔵（川崎重工業、薩摩出身）、藤田伝三郎（日本鉱業、長州出身）、伊藤忠兵衛（伊藤忠、近江出身）、武藤山治（カネボウ、岐阜出身）、金子直吉（鈴木商店、高知出身）、小林一三（阪急、山梨出身）、松下幸之助（松下電器、和歌山出身）、等々枚挙にいとまがない。「大阪企業家ミュージアム」には錚々たる面々の展示があり、その情熱に触れることができる。

関西及び関西人に連綿と伝えられてきたアントレプレナーシップの本質は、本来「ゆでガエル」とは真反対の方向を向いている。日本経済全体に蔓延する安定志向で変化に消極的というのとは一線を画しているはずだ。中世から近世まで長く日本の経済政治の中心であった歴史に刻まれた知恵と文化、柔軟かつしたたかなメンタリティ、素材・部品を中心にものづくりに見られる技能と技術、そしてポテンシャルの高い科学技術。それが関西人の底流にある潜在力だと信じたい。

有為の人材を再び集積する仕掛けが実現できれば、関西経済の再活性化の鍵になると確信している。人の集まるところに情報が集まり、カネが集まる。文化が熟成し、そしてまた人が集まる。そういう好循環が回る素地が関西にはある。

うめきたの挑戦

大阪駅の北にあった「梅田北ヤード」が生まれ変わった。既に2013年からオープンした第1期の「グランフロント大阪」に続き、2024年9月に第2期の「グラングリーン大阪」が開業する。

大阪の玄関口に現れた日本有数の超一等地は、広大な公園の中にオフィスや商業施設、MICE、ホテル、住居が立ち並ぶ空間で、「みどりとイノベーションの融合」による豊かな未来生活（Osaka MIDORI Life）を目指す。「うめきた未来イノベーション機構（U-FINO）」は、この地区でイノベーション振興を担うことを目的として設立された。

恵まれた立地、広大な都市公園の存在を活用して、新産業の創設、人材育成、国際交流を通じて、人材が関西に集まる仕掛けづくりに尽力したい。

イノベーションを起こす上で重要な資質は、「常識にとらわれず挑戦する心」をもつことである。「課題を捉えてひたむきに解決策を目指す」姿は、ゆでガエルの対局にある。ともすれば「変人」とされる人であってもうめきたの門戸は挑戦者に対して大きく開かれている。

重要な価値観は、5つの「D」と3つの「F」に要約できる。Dynamism（ダイナミズムの重視）、Diversity（多様性の重視）、Decentralization（分散志向）、Dignity（尊厳の重視）、Discipline（節度も重要）、そして、Freedom（自由であれ）、Flexibility（柔軟であれ）、Fairness（公正であれ）である。

関西が元気になることとは、日本全体の産業政策の観点からも重要であることを最後に一言付け加えたい。

東京独り勝ちの経済ではその先には成長逓減と予定調和志向が待っている。適度な競争関係にある経済勢力があってこそ、相互に活性化を刺激し合うことになる。また、「すべての卵を一つの籠に入れるな」という格言がある。多極分散的な発展は国策にも沿ったものと確信している。

＊　＊　＊

◆中沢さんにお会いすると、日本は「ゆでガエル現象」といつも言われ、私もこれに大いに同意する。一方で中沢さんに、そうは言ってもアメリカを含め、日本の周辺諸国に比べて日本ほど住みやすい国はないと申し上げている。

中沢さんは人生を振り返ると「セレンディピティ」の連続であったそうだが、私の人生を重ね合わせても大いに同感する。

いずれにせよ中沢さんが現在担当されている「うめきた開発」は関西の経済復活に極めて重要なプロジェクトであるので、頑張って是非成功させて欲しい。

7 日本復興の目玉として期待される2025大阪・関西万博

河本健一さん

河本健一さんは、現在、2025年日本国際博覧会協会の企画局長として大阪・関西万博の全体的な企画担当として、成功に向けて活躍されている。1990年に通産省（当時）に入省され、総務省や復興庁などへの出向を重ねながらキャリアを積み、米国ジョンズ・ホプキンズ大学SAIS（高等国際問題研究大学院）留学、経産省産業保安担当審議官も経験、ニューヨーク駐在も2回というベテランのキャリア官僚である。2023年まではJETROニューヨーク事務所長をされていた。

2025年に開催される大阪・関西万博の魅力についてお伺いした。

日本復興の目玉となる大阪・関西万博の意義

万博の本来の意味は「人間の活動に必要なものの実現に向け、進歩してきたことや、将来の見通しを示す」ためのイベントであり、新たな技術やシステムを実証する「未来社会の実験場」として、多数のプレーヤーによるイノベーションを誘発し、それを社会実験していくことにある。

今回の「2025年日本国際博覧会」（通称「大阪・関西万博」）は、世界161ケ国が参加し、一日平均20

万人弱、開催期間全体で2820万人の来場者を想定している大きなお祭りである。このお祭りは、見学に来た人たちに、こういう生活をしたいという夢や、前向きな思考と希望を与えることを目的として、「いのち輝く未来社会のデザイン」をテーマに掲げている。来場者に「人の命」を考えたり、感じたりする場を提供し、それによって自分の命も、他人の命も大切にしてもらうことを目指している。さらに、人間だけでなく動植物も地球全体の生とし生けるものみんなが同じ命をもっていることを認識してもらいたい。そして畏敬の念、尊敬の念を持ち、それによって自分の命も、他人の命も大切にして、みんなが助けあう社会をつくることのきっかけになるイベントにしたいと考えている。とくに子どもや若い人が未来を想像し、予想し、自分達はこうなりたい、こういう生活をしたいという夢をはぐくみ、それを実行して将来の明るい日本を築いて欲しいと期待している。

多彩なイベントとプログラム

もちろん、万博は多彩なイベントとプログラムを用意し運営されるが、会場運営プロデューサーの石川勝さんは愛知万博でも活躍したベテランで、今回はＴＴＭ（楽しく、ためになって、また来たい）をテーマに会場運営をプロデュースしている。

１９７０年の大阪万博でも２００５年の愛知万博でも、当時の最先端技術を紹介し、その後の技術革新をリードしたが、今回の大阪・関西万博でも最新の技術を駆使して、人間を助けるロボット技術や自動運転、空飛ぶクルマなどを準備している。

一例として、テーマ事業プロデューサーの一人、落合陽一さんが手掛けるパビリオンでは「デジタル・ヒューマン」が生成される。デジタルの鏡とＡＩを使って、姿形だけでなく声や思考も自分にそっくりな分身が生成され、それを各自がスマホに入れて持ち帰ることができる。ちなみに、既に落合さん自身のデジタル・ヒューマンができており、そのデジタル・ヒューマンに何か質問すると、95％落合さん本人が答えたように回答が返ってくる。こうして、万博の会期中に５０～１００万体ものデジタル・ヒューマンが生成されることになる。

また、参加国が自ら建設するパビリオンでは、それぞれ独自のテーマを掲げている。例えば、①アメリカ「共に創出できることを想像しよう」、②イタリア「芸術は生命を再生する」、③フランス「愛の賛歌」、④ドイツ「わ！　ドイツ」などである。民間パビリオンとしては、ＮＴＴ、住友、パナソニック、三菱、吉本興業などが出展している。また「水」と「空気」をテーマにした「生命」の物語の水上スペクタクルショーが毎日開催されるなど、イベントも盛りだくさんとなっている。

さらに、アメリカデーやスイスデーなど、各参加国の式典や文化イベントが行われるナショナルデーも毎日のように開催される。

万博の大きな経済効果

コロナ禍で日本に行きたくても行けなかった人がようやく来られるようになり、世界中からたくさんの人が万博にやってくると期待される。大阪、京都、神戸などの関西の都市は、来場者の飲食や宿泊などの経済効果が大いに期待できる。またインバウンドの人々は、この機会に日本各地を訪れると予想され、そうした経済効果は合わせて約3兆円とも見込まれている。

戦後の日本の高度成長は、70年万博をバネにして「ジャパン・アズ・ナンバーワン」と言われるまでに成長した。今回も、「失われた30年」と言われ長期停滞していた日本経済が、大阪・関西万博を機に大いに復興・再生することを期待したい。

＊　＊　＊　＊

❖間近に迫った大阪・関西万博の準備について、マスコミからの突っ込みはいろいろある。しかし、この万博は通称の大阪・関西万博でなく、正式には「２０２５年日本国際博覧会」と呼ぶそうで、日本全体の経済の復活に関して極めて重要なプロジェクトである。そのような意味でこのプロジェクトの重要な役割を担う河本さんには、ご趣味の「優秀なマラソンランナー」の精神を生かして、最後のラストスパートをかけて頑張って欲しいと思う。

８　アメリカの弁護士から見た日本の課題……齋藤康弘さん

齋藤康弘さんは、日本の大学（慶応大学法学部法律学科）を卒業してから渡米し、アメリカのロースクール（St. John's University Law School）で３年間のＪＤ課程（コースを卒業し弁護士試験を受験し合格すれば弁護士になれる）で学ばれた。アメリカのロースクール卒業後、連邦裁判官の補佐官（ロークラーク、米国市民権が必要なポジションだが特例で任官）を経て、ウォール街の老舗法律事務所で訴訟弁護士として活動し、部門リーダーや訴訟パートナーを歴任。後に企業訴訟とホワイトカラー犯罪に特化した弁護士事務所を設立して独立。

３か月に一度、ニューヨーク法規制勉強会（オンライン会議）でお会いしているが、豊富な経験を交えた話にはいつも啓発されている。今回はアメリカ弁護士からみた日本の課題についてお聞きした。

アメリカの高等教育とロースクール（法律大学院）

①アピールする学生たち

アメリカのロースクールで最も驚いたのは、とにかく学生の挙手と発言が多いことだ。講義中、多くの学生がすぐに手を上げるか、手もあげずに発言している。ピント外れなこともままあるが、どんどん発言して積極的に参加してくる。特にセミナー形式の小規模なクラスでは、このアピール合戦に入れないと取り残される感じもある。

②対話する教授たち

教授たちは、学生たちのコメントや質問と対話をするようにしながらカリキュラムをこなしていく。教授は発表論文の数などで学者として評価されるが、いわゆる学者然として話がつまらないような教授はほぼ皆無で、むしろ著名な学者ほど話が面白い。また、講義以外の時間帯にも学生たちの相談に乗る時間をかなり多く設けている。

③学歴社会でないゆえに激しい学生間の競争

過去にテキストブックが必要だった時代は、次の日の授業までに読んでおく必要がある本は、もたもたしているとライバルの学生たちに隠されてしまうので、早めに図書館に行って確保しておけ、などと言われた。それほど、学生間の競争は激しい。

アメリカの場合は、日本と違い学歴序列の傾向が少ないため、優秀ないわゆるアイビーリーグのロースクールでなくても、学内で優秀な成績を収めれば、トップエリートの法律事務所などに就職することが出来る。実際に、筆者が学んだロースクールのランキングは高くはなかったが、留学して一年目の成績が学年2位だったお陰で、卒業後は連邦裁判官の補佐官（ロークラーク、訴訟弁護士のキャリアのはじめかたとしては最も望ましいポジションと言われる）からニューヨークの老舗エリート事務所に訴訟弁護士として就職した。

つまり、そこそこのロースクールであれば、トップの成績をとればエリートとしてのキャリアを勝ち取ることも出来る。それゆえに、学生間の競争も苛烈なものとなる。

④ロースクール間での優秀な学生の取り合い

自分が事務所で稼いだ資金を出身のロースクールに寄付金として贈って奨学金制度を設立したことがある。出来損ないの苦学生たちを少しでも助けることでも出来たら、というような気持ちからだった。毎年10名程度の奨学生がいたのだが、その学生たちに会って驚いた。およそ苦学生という感じの学生はいない。境遇を訊いてみると「両親は米国金融大手のエグゼクティブ」「トップエリート事務所への就職は決まっている」などと言う。むしろ資金力や学力において非常に恵まれている学生たちだった。

つまり、ロースクールとしては特に優秀で恵まれており、将来有望な学生たちを優遇し、そのような学生たちの入学を促して、将来のロースクールの就職データなどを向上させることで、ロースクール間の競争に勝ち抜こうとしている。

これは、ロースクールビジネスのシビアな一面として見ることも出来るが、結果として、それほどランキングが高くないロースクールにも非常に優秀で将来有望な学生が混在することになるため、学内の様々な意味でのレベルアップに役立っている。

⑤実践トレーニング

従来、アメリカのロースクールは、教授による講義が中心だった（主にソクラテス問答法 Socratic Methodと呼ばれる問答形式）。

しかし近年になって実践形式のトレーニングが大幅に増加している。筆者はこの20年ほどニューヨーク市内のロースクールでトライアル（審判）での尋問や口頭弁論の技術を実際に学生に実演させる実践形式で教えているのだが、以前は稀だったそのようなプログラムが、訴訟技術に限らず、契約交渉などの技術においても行われるようになっている。

⑥「多様性」「環境」「政治的正しさ」の行方

アメリカのアカデミア全般に言えることだが、近年は「多様性」「環境」「政治的・社会的正しさ」が強調されるようになった。これは重要かつ有意義なことではあるが、その客観性や実際の効果、アカデミアや教育機関の在り方と関連して問題点も見受けられる。これまでの競争主義が生んできたアメリカの教育の良さや強さが、これらによってどのように影響を受けていくのかも注目されている。

アメリカのローファーム（法律事務所）の経営

①熾烈なサバイバル競争

アメリカ企業のホワイトカラー（エグゼクティブ職）全般に言えることだが、基本的にバトルロイヤルのようなサバイバル競争である。

私が長年在籍した法律事務所もそうだった。例えば50人の新人弁護士を一年生アソシエイトとして採用したとして、感覚としては最初の1、2年で半分がクビになり、その後も毎年かなりの割合（半分ずつぐらい？）がクビ、6、7年もすると、その年度のアソシエイトはほとんど残っておらず、それ以上になると誰一人として残っていない年度が増えてくる。

つまり、当初採用されたほとんどの弁護士がクビになっている。（筆者が若手弁護士だったころ、在籍20年以上の古参の秘書に「このデスクにある埃のほうが若手アソシエイトよりも事務所に長くいる」と言われて、少し我に返って張りつめていたプライドも薄まった記憶がある。）

サバイバル競争なのはパートナーになっても同じで、売上が少ないと容赦なくお役払いとなって事務所を辞めることになる。

ちなみに、アメリカが学歴序列社会でない根本的な理由は、この熾烈なサバイバル競争にある。どんなに良い大学の出身でも、その後の競争に勝てなければ業界を去ることになる。実際、印象としては、アメリカのビジネスのCEOなどはハーバード大学などのエリート大学出身ではないことの方が多い。

②循環と再生

日本の法律事務所の場合、「そういえば、この事務所には誰がいたかな」などと思ってウェブサイトをチェックしてみると、何年経っても大体同じ弁護士の面々が並んでいることが多い。これに対して、アメリカの事務所の場合、5年から10年も経つと大多数の弁護士が入れ替わっているという印象だ。

どんどん人が入れ替わるというシステムは、必ずしも良いとは言えないが、結果としてこれが組織全体に循環と再生をもたらしている。その時々のビジネスニーズに合わないものはその都度排除されるため、常にビジネスニーズに沿って変化していくことにもなる。

また、長年その組織でのバトルで生き残ったリーダーたちは（事情はいろいろあるものの）少なくとも業績を上げるサバイバル能力には優れた者であるため、個々の実力がある場合が多い。これは互助会的なシステムの中で昇進していく日本のエグゼクティブではそうはいかない。

なお、日本の組織における「上司と気が合わない」「部下とうまくいかない」というような閉塞感は、いずれ近くどちらかがクビになるという前提のアメリカには存在しない。

③完全なる売上至上主義

80年代から90年代の前半ぐらいまでは、アメリカの法律事務所もゆっくりしたものだったが、それ以降はほぼ完全な売上至上主義となったとの印象を持っている。売上が維持できなければパートナーでも解雇されるし、その一方で事務所内での権力は売上が高いものが必然的に強い。

ちなみに、事務所のリーダー等が「我々はファミリー」「いろいろなバリューを大切にする」などと、リクルートや対外的なアピールとしてよく口にするが、あまり真に受けないほうが良い。

④大型ビジネス化による企業化と問題点

アメリカの法律事務所は、過去30年ぐらいで大幅に巨大化して、ビジネス企業化した。これはビジネスとしては必然だったのかもしれないが、クライアントの利益を最優先して代理遂行する弁護士という、プロフェッショナルのあるべき姿とは必ずしも方向性としては一致していない。

理想を言うと、弁護士とはあくまでも個々がプロフェッショナルであり、クライアントを最優先するという倫理上の義務を負って、クライアントの利益を最優先して、クライアントにとって常にベストなことを行っていく必要がある。多くのそれぞれの利益も異なる大企業を代理し、そして自らも大きなビジネス組織としての自己の利益も強大化した法律事務所が、本当に弁護士として役割を果たして行けるのか。今後の経済や社会の変動のなかで、大きな課題となってくる可能性もある。

分断する米国社会、瓦解のリスク

①以前はそれほど分断していなかった

ニューヨークはリベラル（左派）の牙城だが、筆者も若かった90年代頃までは、ニューヨークの若手プロフェッショナル間で「私は財政的には保守だけど社会的にはリベラル」（それが政策的に成り立つかはさておき）などの発言が多かった。「リベラルは優しいお母さんで、保守派はしっかりしたお父さんのようなもの」など、つまり双方を認めるコメントもよく耳にした。左派と右派の間での会話も成り立っていたと思う。

ところが21世紀に入ったぐらいから、左派も右派もそれぞれお互いを「悪」とみなすようになり、だんだん会話などは成立しなくなった。それが、ここ数年は更に加速し「分断」という状況が生まれている。

②司法の政治化の懸念

トランプ前大統領やバイデン大統領の家族に対する刑事訴追が続いている。特にトランプ氏に対する訴追が激しい。それぞれの件についての見立てはいろいろな見方もあると思われるが、司法が政治的に使われているとの批判の声も高い。たとえ大統領であっても、状況によっては刑事訴追の対象となるのは当然だが、政治的ライバルを「悪人」とみなす近年の感覚に基づいて検察や裁判官の判断がなされているとすると、結果的には政治的訴追となってしまっているのではないかと懸念される。

米国社会の分断が進む中で、民主主義社会の基盤である司法制度の本来の機能が失われつつあるとすると、それは非常に大きな問題である。

③若者たちのデモにみる価値観の変容

若者達によるガザ抗議デモが引き続き盛んだ。若者が現状に疑問を持ち抗議するのは世の常であり、あるべき姿でもある。しかし、今回の一連のデモに一番ショックを受けたのは、従来左派の中心で影響力もあったリベラルなユダヤ系米国人層ではなかったか。パレスチナ問題は歴史的に複雑な問題であり、一概にはどちらが正しいとは言い難いが、左派の中心を自負してきたユダヤ系の人達にとって、若者たちの論調がほぼ一方的に反イスラエル（さらには反ユダヤ人）であることは衝撃だった。これは中東においてイスラエルの同盟国を自負する一般的アメリカ人にも驚きだったし、長年ユダヤ人に対する迫害を歴史上最大の問題の一つと考えてきた従来の視点からも驚きがあった。

変化を続けるこの状況について、拙速に性格付けて観測することも憚れるが、これら若者達からの発信には、従来の純粋な平等主義の考え方を超えて、特定の人種や階級の側に立った人種闘争や階級闘争のような感覚も垣間見える。これは「自由と資本主義の競争がもたらす機会の平等」という、これまでのアメリカの繁栄を築いた伝統的な価値観とは一線を画す世界観のようにも感じられるし、分断を更に深めるリスクもはらんでいる。

今後、さらに、若者の考え方には変化も反動もあるだろう。いずれにせよ、今後のアメリカの運命への影響は無視できないだろう。

＊　＊　＊

◆齋藤さんは、数少ない日本人のアメリカ弁護士としてニューヨークで数々の企業の訴訟にかかわり大活躍されている。日米間の経済交流が活発になるに従い、齋藤さんのような存在が益々重要になっている。先に述べられているように、母校に奨学金を提供したりしているが、いかにも齋藤さんらしい行動である。

日頃オンライン会議を通じてご高説をお伺いしている。現在アメリカは政権交代で変革の時期を迎えているが、このような時にこそ齋藤さんに日本のために益々頑張って欲しいと思う。

9　一世代を超えて、時代を経て広がる食ビジネス

釣島健太郎さん

私の長男釣島健太郎は、東京の日本IBMで社会人キャリアを開始。その後幼少期を過ごしたアメリカでのキャリアに挑戦し、日系食品卸大手のニューヨーク共同貿易に転職。上級副社長まで経験し、その後アメリカで独立。ニューヨークで戦略、PRのコンサルティング会社Canvas Creativeを設立した。現在、食ビジネスを中心とした新規事業立ち上げのコンサルティングやプロジェクト・マネジメント、農水省輸出支援アドバイザー、福岡県米国東海岸委託駐在員、JETRO中小企業海外展開現地支援プラットフォーム・コーディネーター、慶應ニューヨーク学院理事等を務めている。20年近く日本食ビジネスの発展、変遷を目の当たりにし、そこから見える日本の未来について語ってもらった。

「海苔とおむすび」から見る日本食ビジネス進化の真髄
～養殖、技術革新とアメリカ市場変化への適応力～

①この黒い紙は何？　と言われた日本産海苔

1989年の夏。当時私（健太郎）はまだ12歳。『Japan as No.1』という本が出版され、ニューヨークのロ

ックフェラー・センターを三菱商事が買収。「日本人がアメリカ人の心を奪った」と批判され、日米貿易摩擦がニュースを賑わす時代であった。父が仕事でニューヨーク赴任になり、私は英語が喋れないままニューヨークに移住した。この年は移住して一年が経った頃。夏休みのサマーキャンプに入り、現地の子供達と楽しくアウトドア活動を行う日々。ランチは皆持参するのだが、ある日の私のランチはおむすびだった。ご飯はカリフォルニア産米で海苔はパリパリの方が良いだろうと、母がわざわざおむすびと別に包んであった。１９８９年のある夏の昼下がり、世界の中心ニューヨーク近郊でランチにおにぎりを頬張ろうとしたのだが、近くに座っていた白人の子が物珍しそうに私を凝視し始めた。

その男の子は、別に包んであった海苔を見るなり「この黒い紙は何？（What is this black paper?）」と聞いてきた。12歳の私が「これは海苔。英語ではSeaweedだよ」と正しく答えたか、はっきり覚えていない。海苔が海藻ということは何となく知っていても、それを説明できる知識も英語力もまだなかったであろう。「これはRice Ballだ。海苔は周りに巻いて食べる」という類のことを言った気がする。その男の子が私の返事に納得したかは定かではないが「Ｏｈ，Ｏｋ（あ、そう）」と言って自分のサンドイッチを食べ始めた。

当時、海苔を使った料理をニューヨークで見ることはほとんどなく、一般のアメリカ人の子供にとっては「奇妙なもの」であったのであろう。他人と違うものを食べていることで、異質と思われたのが子供心にショックであった。成長した自分であれば、これを「異文化コミュニケーション」と受け取れるだろうが、疑問の目で見られるのは嬉しい経験ではない。その日の夜、私は家に戻って「ランチにおむすびと海苔は絶対やめて。サンドイッチにして」と伝えた。

おむすび／おにぎりは日本を代表するファストフード、しかも伝統的ファストフードであろう。そのおにぎりを毎日持っていき、アメリカ人に教えて、日本のファストフードを知ってもらおう！　と言ってはどうか、という声もありそうだが、当時、まだ英語でやっとコミュニケーション出来るようになったばかりの私にはまだそのような余裕はなかった。また日本人／アジア人はマイノリティーで、ただでさえ自分は異質で周りのことや作法、ルールを学び、受け入れてもらうのに必死だった時である。当時は日米貿易摩擦がピークで、アメリカ人が日本車を斧で叩き割る映像が出回っており、一種の緊張状態にもあった。周りと同じサンドイッチであれば異質と思われることもなく、皆と楽しい時間を過ごせる。子供なりに日々ニュースを見ながら社会の感情を機微に感じていたのであろう。

②歴史は長くても一般に普及したのはごく最近の海苔

白人の男の子の質問は、当時の海苔の普及率を考えれば当然のことである。当時、日本では海苔は贈答用としての高級品の売上が急激に伸び、通常品はコンビニのおにぎりでの需要が高まっていた。味付け海苔もスナックとして普及し、海苔はいつでもどこでも食べられるものとして広まっていた。海苔がこのようにいつでもどこでも食べられるようになった背景には、海苔の需要が増えた、というだけではなく、海苔の養殖の近代化に成功したことも大きい。

海苔の歴史をたどると、１３００年ほど前から食されていたと言われている。古くから日本の食卓にいつでも上がっていた食材と思われるかもしれないが、海苔は安定した生産が非常に難しく、一部の貴族や地元の人だけが食べられる貴重な食材であった。江戸時代に海苔の養殖が始まり生産量が幾らか上がったと言われているが、海苔の胞子がいつ、どのように着床するのか、当時の科学や技術では解明することが出来なかった。当時の養殖は運頼みで、とても大量生産できるものではなかった。

そんな海苔の生態系がイギリスの生物学者ドリュー女史によって解明され、論文になって発表されたのが1949年であった。この発表を元に日本で近代養殖に成功したのが1950年頃、大戦以降のことである。その後海苔の養殖の大量生産に向けて近代養殖が普及するのが1970年頃で、上述の通り海苔が日本人の食卓にさまざまな形で見られるようになったのである。

今では、主に有明海や瀬戸内海での近代養殖が盛んである。1980年頃からは中国での近代養殖も始まり、1990年代以降アメリカ向けに多く出荷されるようになった。上述のエピソードの1989年はアメリカの食の専門家でも海苔のことはまだよく知らない、そんな時代だったのである。

③海苔がニューヨークの新たなトレンドの中心に

それから35年経った2024年。日本食が世界に広がっているニュースを日々目にするようになり、「日本食は世界に誇れる料理」と言える時代になった。「黒い画用紙」は海苔→Noriになり、「海苔はRoasted Seaweedで海の栄養分をたっぷりと吸収した旨味成分の高い海産物です」と言えば、多くの人々が理解してくれるであろう。

1980年代当時、SUSHIがアメリカに普及し、カリフォルニアロールが開発されたとはいえ、SUSHIは高級店でそれなりの所得がないと食べられない時代であった。それが今では、SUSHIは全米のスーパーマーケット一万店ほどに並ぶようになり、寿司キオスクはどこにでもある。海苔もスーパーの棚に並んでおり、日常的に目にするようになった。更に海苔はＳＵＳＨＩ以外の料理の広がりとともに普及している。最近の新たなトレンドはなんとエピソードで紹介した「おむすび」。２０１３年にはおむすび専門店「Omusubi Gonbei（おむすび権米衛）」がニュージャージーにオープン。歯切れのよい有明産のりは同店のおむすびには欠かせない。おむすびはスーパーマーケットで目にする中で、今後益々広がっていくことは確実である。

また最近ではカジュアルにお手頃に寿司を食べることがトレンドになっており、手巻き寿司→Temaki→Hand Roll Sushi店が一世を風靡している。ニューヨークを代表するTemakiレストランとして、Naminori（https://naminori.nyc/）やKazunori（https://www.handrollbar.com/）といったお店は、複数店舗を経営するまでに成功している。このTemakiの主役は「海苔」。こちらも歯切れのよい有明産のりを使用し、若者のニューヨーカーが「この海苔、いつものお店で食べる海苔と違って最高ね」と言いながらTemakiを頬張っていく。１９８９年の黒い画用紙は２０２４年にはTemakiとしてトレンドの中心となってニューヨーカーを魅了している。

当時12歳だった私は父となり、子供を授かり、ニューヨークで生活している。私の子供の友達はほぼ全員、海苔→Noriを知っている。ＳＵＳＨＩレストランに行かずともスーパーマーケットでＳＵＳＨＩがあり、海苔が裏巻きされたカリフォルニアロールはすぐに目につく。スナック海苔も一般のアメリカのスーパーマーケットで見るようになった。このような状況に至るまでには、すでに述べたように海苔の近代養殖が広く普及し安定したことと切っても切り離せない。

海苔の養殖が戦後まで発展しなかった大きな理由の一つは、海苔の胞子の繁殖生体の解明が難しかったことにあることは既に述べたが、上述したドリュー女史の研究と、その研究を元にした技術の発展に加えて流通体制の確立もまた重要であった。

現在では山本山、高岡屋といった日本の海苔の老舗がアメリカに二次加工（海苔は二度の焼成が必要だが、二回目の焼成を米国で行う）工場を建設し、運営している。海苔を全米各地に安定供給出来る体制が確立され、海苔はNoriとして一般のアメリカ人でも知っている商材となった。

このようにアメリカに普及した海苔だが、日本の農家が全て、この需要増の恩恵を受けたかというとそうではない。今では中国産海苔がアメリカの流通の中心となっており、日本産は歯切れ、香りの高い高級品が中心となっている。それでもこの発展がなければ裏巻きと言われるカリフォルニアロールも生まれなかったかもしれないし、寿司を始めとする日本食は２０２４年現在でも日本でだけ食べられるローカル食だったかもしれない（中国を始めとするアジアには普及していたとは思うが）。

食材の普及は、世代を超え、時代を経て、広がっていくものである。そしてそこには大量供給出来る技術と体制が伴わなければならない。それが伴えば、世界のトレンドの中心になれる。海苔の普及は35年経ってそのことを語ってくれている。さて次の35年、海苔のように新たなトレンドとして世界、アメリカに広がる食材は何になるのか、我々世代の宿題である。

メディアでは報じられない日本食の世界普及を後押しした隠れた三大要因とは

①リファレンス・マーケティングで広がる日本食

日本食レストラン、ビジネスが世界に普及していく上で主役となった料理が寿司であることは歴史が証明している。日本食は世界中のかっこいい、クールな料理としての評価を得て、２０２３年の集計では日本食レストランの数は全世界で約18・7万店にも上る（２０２３年農林水産省集計）。２００６年から17年で8倍近くの店舗数になるという驚異的な伸びを見せている。

18・7万店とはアメリカの飲食チェーン店トップ５（全てファストフード）の全世界の店舗数を合わせた数約15万店よりも多い。日本食レストランが世界に如何に普及しているかが分かるだろう。世界中どこを旅行しても日本食レストランを見つけられるといっても過言ではないであろう。

・マクドナルド（約４０，０００店）
・サブウェイ（約３７，０００店）
・スターバックス（約３６，０００店）
・ケンタッキー・フライドチキン（約２６，０００店）
・バーガーキング（約２０，０００店）

このように、世界中の老若男女が箸を使って日本食を食べているシーンを見ると、日本人が世界の人々に認められたことに、驚きや気持ちの

海外における日本食レストラン概数

年	店舗数
2006	24,000
2013	55,000
2015	89,000
2017	118,000
2019	156,000
2021	159,000
2023	187,000

令和5年（2023年）10月13日
※外務省調べに基づき、農林水産省において集計。

昴ぶりも混ざった高揚感を感じることもある。ナイフとフォークを使う西洋食に対し、箸を使う東洋食は洋の東西の垣根を越えて広がっている。1980年代末に終結した冷戦以降、世界は国や文化を超えた交流が活発になり、食ビジネスは草の根レベルからアメーバのように広がっていったと言える。その最先端のかっこいい、クールな料理が日本食であったと言えるだろう。

多額の投資金を元手にして大量に店舗展開していくファストフード店に対して、日本食レストランは個人の資金でさまざまな形態のレストランがオープンし広がっていったのが特徴である。人が人を紹介し広がっていく、人づてで広がるreference marketing（リファレンス・マーケティング）である。ファストフードのようにマニュアル化した調理ではなく、シェフやオーナーが独自の考えをベースにした調理方法、基準、方針で日本食レストランを開いていったことが重要なポイントである。

また、世界各地で日本食レストランを経営しているオーナー、または調理をするシェフのほとんどが日本人でない他民族、他人種の方が関わっているのも特徴である。日本食が世界に広がった要因は、メディア、業界関係者、ウェブサイト等では一般的に下記のように認知されているのではないだろうか。社会的に認知されている要因を四つ上げてみる。

・**「美味しい」**

旨味、旬を最大限生かした原材料や調理法からくる美味しさ。美味しくない物は世界に広まらない。日本人は舌が肥えていて繊細な味わいが分かるが、他の民族の方々にそれが分かるのか、という声もあったが、世界の人々は日本食の美味しさを理解し、受け入れてくれた。

・「**健康的**」

特にアメリカでは1970年代からファストフードが普及し、肉、牛乳、チーズなどに偏った食習慣が広がり、肥満が社会問題になっていった。その指向、傾向を改善するため、1977年には国民の食生活に対する危機感、がん、心臓病、脳卒中を食源病と指摘した「マクガバン報告書」がまとめられる。魚を中心とした日本食は、アメリカ人の幅広い食生活を支援するのに重要な役割を果たした。

・「**エンターテイメント性**」

調理のプロである寿司職人が目の前で握り、ネタの特徴や起源を伝えながら食事を楽しむ。一般的にレストランでは厨房は奥にあり、シェフと客が他愛もなくコミュニケーションをとることはない。寿司カウンターはそのような常識を覆した、シェフと客の距離感を縮めたエンターテインメント性の高い調理とも言えるだろう。

時を同じくして、紅花（BENIHANA）に代表される鉄板焼きもアメリカで広まったが、客の前でヘラをひっくり返しながらアクロバティックに楽しめるエンターテインメント性が高い。日本食のビジネスの普及にエンターテインメント性が重要な要素を占めたと言えるだろう。

・「**伝統に裏打ちされた洗練性**」

2013年和食文化がUNESCOの無形文化遺産に登録されたことは、業界関係者にはエポックメイキングな出来事として受け止められた。この登録には和食（日本食ではなく「和食」で登録）の伝統や洗練性が評価された。上述してきた要因も大きく関わり、近年のOMAKASE（おまかせ）等高級料理としての評価を益々高め、現在に至っている。

上記はどれも正しく、もっともな要因であるが、それだけでは日本食の世界的な広がりに直結しない。世界各地の日本食レストランを経営しているオーナーやシェフのほとんどは日本人以外の民族、人種の方々であるが、彼らは必ずしも日本食の伝統や歴史を尊がって日本食ビジネスを始めたわけではない。日本食ビジネスが世界の飲食ビジネス関係者にとって好都合な調理、ビジネススタイルであったことも大きな要因である。それらの店舗では日本の伝統的な調理方法が踏襲されていないことも多く、日本人からみると「これは本物の日本食ではない」と思うことも多々あるが、その汎用性の広さが日本食の現在の地位を築いたという側面もある。

ここでは、一般メディアだけでは語られない別の目線を「隠れた三大要因」として解説する。それは日本食の「柔軟性」「経済性」「洗練と革新」である。深掘りすればその他の要因はまだまだあるが、ここではこの3つにフォーカスする。

②日本食の世界的普及の隠れた三大要因

A：柔軟性↓物流の危機

生魚を食べるという行為を、調理、料理、食文化レベルまで洗練させたのはほぼ日本食、寿司だけであるとも言える。しかしそれが世界に広まっていったのは、当時の調理人達が現地の状況に合わせた柔軟性のある対応をしたことが大きい。

カリフォルニアロールは、1970年代にカリフォルニアで調達可能なアボカドとアラスカのタラバガニで作り上げ広まったロール寿司である。最初に誰が巻いたのかは諸説あるが、1965年にロスアンジェルスで「川福」に寿司バーが登場し、1966年には在米日系人調理師連合会が発足している。日本のように多種多様のネタが入らないカリフォルニアにおいて、現地食材をどのように使っていくかは喫緊の課題であっただろう。

寿司はその後もロスアンジェルスで順調に広まり始めていたが、1971年にロスの労働組合による港湾ストが起き、船の物流が約六か月間ストップする事態が発生した。日本ではあまり知られていないが、半年にも及ぶストは米国経済に大きな打撃を与えた。寿司用の鮮魚は航空便での輸送が中心であったが、半年にも及ぶ港湾ストを経験したことで、流通企業、レストラン、シェフらは、生き残っていくためにも出来るだけ現地調達可能な食材で寿司をつくるようになっていく。こうした背景の中で考案されたのがカリフォルニアロールである。

海苔がまだアメリカで知られていない時代、太巻きにするとアメリカ人が食べないので寿司米の内側に海苔を巻く、裏巻きが広がったのがこの頃である。現地調達したタラバガニとアボガドを使用するという発想と裏巻きにするという柔軟性。寿司がＳＵＳＨＩに代わっていくきっかけである。ピンチはチャンスというが、このエピソードにはまさに当てはまる。港湾ストがもたらしたピンチが、寿司にとってはチャンスになったのである。

Ｂ：経済性↓ダイバーシティ

日本で修業し、日本で調理師免許を得たシェフでないと日本食や寿司店は開店出来ないという法律があったとしたら、今の日本食の広がりはなかったであろう。正確な統計はないが、日本人がオーナーやシェフとして関わっている日本食レストランの割合はアメリカでも15％は切っているであろう。大半は中国人、韓国人といったアジア人オーナーで、最近は白人オーナーも増えてきている。アトランタやフロリダなど南部に行くと、東南アジア人オーナーや南米人オーナーも増え、東洋人が全くいない日本食レストランが多くある。

こういった多種多様のオーナー、シェフが日本食レストランを開いていったことが、日本食が広まった大きな要因である。他の東洋料理を見ると、オーナーはその国の人というケースが多い。アメリカに4万店以上あると言われる中国料理店。町の各地にテイクアウト店があるが、その多くは中国人が経営しており、日本食のようなダイバーシティは実現されていない。韓国料理やタイ、ベトナム料理も同じような状況である。

それと比べると、日本食に関わる人々のダイバーシティは突出している。日本食は世界の各地のビジネスマン、シェフが関わることの出来る柔軟性と経済性を持ち合わせた調理、料理、食文化なのである。日本食が日本人だけ、という枠を飛び越え、ダイバーシティを受け入れたことを我々はしっかりと理解する必要がある。

ダイバーシティをもって広がった背景には、日本食がビジネスにおける経済性が高かったということも大きい。中国料理は多くの火力を必要とし、シェフは炎が上がる暑い厨房で調理せねばならない。にも関わらずあまり高い単価にならず、例えばチャーハンを作ってもテイクアウトでは8ドル以上の価格にならなかったりする。一方ロール寿司は、寿司ネタの保管ケースが冷蔵温度となり涼しい調理場になる。メニュー価格も例えば15ドルはとれる。日本食が高い価格をとれる背景には、１９８０年代から広まった「日本は緻密で洗練された文化を持っている」というイメージが重なったこともあるだろう。この経済性があったからこそ、日本食はダイバーシティを受け入れて世界に広まった。その代償とまでは言えないが、本物の調理方法を理解せず、見よう見真似で調理したものが巷に広がることを受け入れざるをえなくなってしまうという側面もある。だが見方を変えれば、日本食が他の料理と幅広く融合していった、とも言えるのである。

日本でもこのような事例がある。イタリア料理には日本発の物が多々ある。ケチャップを使用したスパゲッティナポリタン、明太子スパゲッティ等が良い例である。多くのイタリア人の方々は「これはイタリア料理ではない！」と思っているかもしれない。しかし、これらの和イタリアンは日本食の旨味文化とうまく融合し、新たな食文化を築いている。食の広がりとは草の根レベルの普及活動のようなもので、現地のものと融合していくことも特徴である。日本食の広がりが、世界各地で日本の外交官のような役割を果たしていったと言えるだろう。

C：洗練と革新→日本人シェフの技術とプライド

１９７０年代にカリフォルニアロールが広まり、寿司→ＳＵＳＨＩになり国際的になっていくが、２０１０年頃から日本食は次のフェーズへと突入していく。寿司の高級化がニューヨークを中心に始まり、そこに割烹、懐石、会席料理の技術、エッセンスと融合したメニューが増えていった。そして洗練された日本食として「ＯＭＡＫＡＳＥ」を掲げる高級レストランがニューヨークに普及し始め、今ではニューヨーカーの接待先として人気を博し、ＯＭＡＫＡＳＥはどのメディアでも日常的に見る言葉として定着した。

見よう見真似で底辺に広まっていった日本食と相反するように、洗練と革新を旨とする日本人シェフの技術、プライド、そしてそれを黒子としてバックアップする流通企業のタッグがありながら、日本食だけでなく世界の食文化の新しい頂点を作り出していったと言えるだろう。日本食の強さはこの頂点を研ぎ澄ましていく日本人シェフの技術とプライドとは切り離せないし、この状況を継続していき、発展させていくことが重要なのである。

レストランの格付けで有名なミシュランでは２０２３年、ニューヨークで格付けされた全71店（三ツ星から一つ星の合計数）のうち日本食レストランは19店で４分の１以上である。日本食ではなくても日本食の調理、技術を取り入れているお店を数えると30店以上、４割以上にもなると言われている。日本食が他の食文化と比べても頭一つ抜けて高い地位を築いたとも言えるだろう。このように高級路線の地位を確立した今、更に次のフェーズとしてカジュアルなレストラン、飲食シーンにも広がりをみせている。海苔の章でおむすび、手巻き寿司の広がりについて述べたが、高級路線の技術、評判を利用してカジュアルでも評価の高いお店が今後更に広がっていく事が期待されている。

新たなダイバーシティ、多文化、現代型日本食から見る日本食の未来

①多文化料理時代の到来

このように広がってきた日本食だが、今アメリカでは日本食だけでなく、食ビジネスにおいては多文化時代（多数の国、文化のレストランや食品がビジネス化している事）に突入している。地中海近辺のトルコやギリシャをテーマにしたメディテラニアン（Medeiterranean）料理店、中国の西安をテーマにしたチェーン店、台湾

初のBubble Tea（タピオカミルクティー）もチェーン店化に成功し、近年存在感を増している。このような多文化の時代の中で、日本食はその広がりの先駆者的存在で、多文化料理の先導者的存在であり続けられるよう試みと努力を続けていかねばならない。

多文化料理の広がりの一つの事例として、韓国料理の飛躍、進化について触れておきたい。下表は上述したミシュランの格付件数をまとめたものであるが２０１３年から２０２３年で日本食料理店は12↓19店と大きく増えたが、これと同じ、いやそれ以上に増えたのが韓国料理店で2↓11店となった。

韓国は１９９７年のＩＭＦ介入を乗り越え、経済的に成長していく過程で、調理、料理、食文化も発展、進化している。２０１３年の和食のＵＮＥＳＣＯ無形文化遺産登録について書いたが、同じタイミングで韓国のキムチと、それに関わる調理や精神「キムジャン」も無形文化遺産に登録されている。

調理をする、という行為には全世界こうでなければならないという世界基準や法規制はなく、ニューヨークの韓国料理店も日本食のみならず、ニューアメリカン、フレンチ等他のエッセンスも取り入れることで、洗練、革新した調理に発展しており、ミシュラン星店の増加につながっている。

ミシュランレストラン格付け（ニューヨーク）

年度	2013	2023
格付け総数	65	71
日本食料理店	12	19
韓国料理店	2	11

※数は、リストより筆者が確認し、計算

ここで我々が理解すべきは、「日本食は洗練されているので他の食文化と比べて秀でている」とか「生魚を料理にした日本人、日本食は凄い。他国にはそれは出来ない」と自国優秀主義に陥らないことである。今まで述べてきたように、日本食が稀有な存在で日本人がそれを築いてきたことは大変誇らしいが、グローバル化時代の今、多文化が複合的に融合していく流れは加速していくであろう。

日本は明治時代に他国に先駆けて西洋化に成功し、国力をつけていったが、日本食の世界的位置づけは、人気、洗練、幅広さから見ても他国に先駆けた存在であると言える。今までの日本食はダイバーシティを受け入れて広がってきたが、これからは他国料理の良い要素を益々うまく包含しながら発展していくことで、より洗練された料理に発展させることが求められるであろう。

②日本食ビジネスの課題と新たな未来：高級日本食レストランとチェーン店の拡大

ジェトロ（日本貿易振興機構）の2023年の調査では、アメリカの日本食レストラン店は2万3064店で、10年前の約1万4000店から大幅に伸びている。しかしここまで広がってきた日本食レストランビジネスだが、全米レストラン協会（National Restaurant Association）が発表するレストラン規模TOP100のリストには一つも入っていない。これは日本食レストランの拡大は、個人経営によるレストランの拡大がその主体となってきたことを表している。一番最初に出てくる日本食チェーンは紅花（BENIHANA）で103位である。ビジネスという観点から見ると、日本食ビジネスは新規投資、大型資本の参入が次世代の挑戦と言えるだろう。そのような最近のトレンド、傾向を紹介する。

A：米国の日本食レストランチェーンはどれぐらいあるのか？

米国で歴史も名声も最も有名なチェーン店は上述した紅花（ＢＥＮＩＨＡＮＡ）であろう。元レスリング日本代表のロッキー青木氏が設立した鉄板焼き日本食店で、グループ会社も入れて全米に95店舗展開している。一方、店舗数で最も多いのがSark Japan（サークジャパン）という照り焼きチキンのファストフード店。アメリカを旅行した方であれば、ショッピングモールの中で見た方は多くいるのではないだろうか。Japanという名前があるが、実態は中華料理に近い。店舗数は２６５店舗である。全米で最も店舗数の多いレストランはサンドイッチのＳＵＢＷＡＹ（サブウェイ）で２万１３３店ある。Sark Japanの２６５店舗は約１・３％、その規模の差が分かる。ビジネスは規模が全てではないが、一つの指標として参考にして頂ければと思う。ここで筆

米国における日本食レストランチェーン店一覧（筆者調べ）　2024年8月時点

Business Name	企業名	業態	業態	店舗数
Sarku Japan	サーク	照り焼き	Fast Food	265
Yoshinoya	吉野家	牛丼	Fast Food	105
Benihana	紅花	鉄板焼き/寿司	Fine Dining	95
Jinya	陣屋	ラーメン/居酒屋	Fine Dining	70
Kura Sushi	蔵寿司	回転すし	Fine Dining	66
Pokeworks	ポケワークス	ポケ、海鮮	Fast Food	66
Gyukaku	牛角	焼き肉	Fine Dining	65
Sugarfish/Kazunori	シュガーフィッシュ	寿司	Fine Dining	29
Nobu	ノブ	高級和食	Fast Food	17
Marugame Seimen	丸亀製麺	うどん	Fast Food	16
Ippudo	一風堂	ラーメン/居酒屋	Fine Dining	15
Go Go Curry	ゴーゴーカレー	カレー	Fast Food	8
Coco Ichiban	Coco一番	カレー	Fine Dining	8
Wagamama	ワガママ	ラーメン/居酒屋	Fine Dining	8
Pepper Lunch	ペッパーランチ	ステーキ	Fast Food	5
Afuri	阿夫利	ラーメン/居酒屋	Fine Dining	5
Zuma	ズマ/イタル	高級居酒屋	Fine Dining	5
Ichiran	一蘭	ラーメン	Fine Dining	4
Ootoya	大戸屋	定食/居酒屋	Fine Dining	4
EAK Ramen	町田商店	ラーメン	Fine Dining	3
Sushi Azabu/Kawabun	麻布、河文	寿司、高級和食	Fine Dining	3
Global Dining	グローバルダイニング Twelve, La Boheme	高級居酒屋等	Fine Dining	2
Skylark	スカイラーク Shabu You	しゃぶしゃぶ	Fine Dining	1
Food and Life	スシロー 酒林Sakabayashi	寿司/居酒屋	Fine Dining	1

者が調べたアメリカの日本食チェーン店一覧を添付する。

上述した紅花もSark Japanもアメリカ現地発祥の会社で、日本の企業が展開するチェーン店として最も店舗数が多いのが牛丼の吉野家の１０５店舗。吉野家は１９８０年頃のかなり早い段階から米国展開していた。ニューヨークでも15年ほど前までは3店舗展開したが、そこからの進展が難しく、現在では西海岸での展開のみとなっている。「早くて、美味くて、安い」をキーワードに日本では巨大牛丼チェーンとなった吉野家の歩みをみれば、アメリカ展開が一筋縄ではいかないことも理解出来るであろう。

これまで日本の大型飲食チェーンはアメリカでの展開にあまり積極的ではなかったが、ここ最近は静かに確実に展開を広げている。

B：日本のトップ企業のアメリカでの静かなる展開

日本食レストランのチェーン展開はまだまだ序の口と言えるが、それでもここ10年のスパンで見ると、日本企業の進出も静かではあるが確実に広がってきている。特に陣屋、牛角とくら寿司が大きく成長した。三社ともアメリカでの店舗数は50店舗を超えた。まだまだ大きな数字ではないが、三社ともほぼ２０１０年以降の展開で順調に店舗数を増やしていることは、アメリカ市場でよい評価を得ているといえるだろう。三社とも特に若者世代の間でその評判が広まっている。

まだ店舗数は少ないが、日本を代表するファミリーレストランのスカイラークは中西部のシカゴにしゃぶしゃぶのしゃぶしゃぶローをオープン。予約の難しい人気店となっている。回転寿司大手のスシローは全米一号店の居酒屋「酒林」をボストンに２０２４年にオープン。これ以外にもラーメンブームの火付け役となった一風堂、うどんの丸亀製麺、博多ラーメン一蘭、カレーのCoCo壱番屋にゴーゴーカレー、定食の大戸屋など様々な業態が米国へ進出を果たしている。どのお店も日本と比べると店舗数は少ないが、今後ここに投資が集まっていくことも期待される。現在はまだまだ静かなる展開だが、着実にアメリカでの存在感を増やしていくことに期待する。

C：大型投資家とタイアップし世界展開する「コンテンポラリー・ジャパニーズ（現代型日本食）」高級日本食チェーン

洗練された日本食の評価についてはすでに述べたが、大型投資家とのタイアップにより新しい高級日本食カテゴリ「コンテンポラリー・ジャパニーズ（Contemporary Japanese）（現代型日本食）」が世界的に広がり、今後の日本食の新たな展開が期待される。

このカテゴリで最も有名なレストランは「NOBU（ノブ）」である。日本で修業し、ペルーで一号店を開店した松久氏が、ロスアンジェルスで俳優ロバート・デニーロに見出され共同経営者となり、全米にレストラン展開を成功させたサクセスストーリーである。全米に約20店舗、その他ヨーロッパ、中東、アジアに約30店舗展開しており、コンテンポラリー・ジャパニーズの先駆けである。

ここ最近新たに注目を集めているのは、イギリス発祥のAzumiグループ。基幹レストラングループはZUMAである。アメリカでは5店舗のみで、それほど目立った存在には見えない。しかし同社は2002年の設立以降、ZUMA以外にもRQKA、INKO NITO、ETARU、OBLIXといった複数の高級レストランの展開に成功している。ZUMAはどの店舗も100席以上の大型日本食レストランである。ニューヨーク店は一階と二階で約400席の超大型店で、2015年設立当時はニューヨークで最大席数のレストランであった。この規模のレストランを全世界で30店舗以上展開しており、同社もコンテンポラリー・ジャパニーズを代表する企業である。

ZUMAの料理は寿司と炉端焼きが中心だが、そこに西洋各地の料理、食材を取り入れ、和と西洋が見事に共存している。ニューヨークのZUMAでは、ニューヨークを代表するポーターハウスステーキが有名メニューの一つとしてあるが、寿司、炉端焼き、ステーキ、どれを食べても非常に高いレベルのメニューを実現している。勢いを増しているZUMAは今年に入り、高級リゾート地を中心に約10店舗の新店舗計画を発表した。ここ数年内に40店舗以上に拡大する。ZUMAはオープン時こそ日本人シェフが全体を統括していたが、現在では世界各地のシェフが各地で責任者となっており、日本食シェフの国際化を実現しているとも言える。今後このコンテンポラリー・ジャパニーズ、高級日本食レストランが、日本食のステータスを更に上げていく存在になるだろう。

最後に

この章では、様々な側面から日本食レストランビジネスを分析した。日本食は確かに日本発祥の洗練された調理、料理、食文化である。しかしグローバル化が進んでいく世の中において、日本食ビジネスを展開していくのは日本人だけではない。しかし日本人が日本食ビジネスの最先端にいることは確かであり、世界の人々がその礎を築いた我々に一定の敬意を示していると言ってよいだろう。

この最先端に居続けるためには、「洗練と革新」を追い求め、挑戦し続けていくことが大切である。日本食がダイバーシティを受け入れて広がったように、我々も他国料理の良い要素を上手く包含しながら発展していくことで、新たなダイバーシティを確立し、より洗練された料理に発展させることが出来る。日本食の次の未来はその先にあるのである。

＊　＊　＊　＊

❖長男の健太郎は、縁あってアメリカで「日本食の普及」の仕事に関わっている。今までの日本の先人の努力で、現在、日本食は世界に認められ活況を呈しつつあるが、その意味では先人の努力に大いに感謝すると共に、彼の使命として、地盤沈下しつつある日本のためにも一層の日本食の発展に貢献してもらいたい。

そのためには、彼の言うように、過去の伝統を生かしながら、世界に受け入れられる日本食として新しい観点をいれて発展させる必要があり、一層頑張って欲しいものだ。

10　しのび寄るAI革命に日本は乗り遅れないか？……トム岡田朋之さん

岡田（トム）朋之さんは、高校時代からアメリカに留学し、大学卒業後、アメリカのモトローラ社に入社。携帯電話の設計に従事し、その後日本に赴任、常務取締役、携帯電話事業部長としてモトローラ社の携帯電話を日本市場に導入した。その後、シリコンバレーに移り、スタートアップの営業やコンサルティング活動を行い、現在はボストンのマサチューセッツ工科大学（ＭＩＴ）の研究による、電気自動車ワイヤレス充電装置の特許ライセンス及び製品を開発するスタートアップ企業の日本法人社長として、シリコンバレーを拠点に活動されている。日米間のビジネス進出をサポートするＪＡＢＩの会長もされているトム岡田さんに「生成ＡＩの動向」などについて伺った。

活発なＪＡＢＩシリコンバレー

ＪＡＢＩ（Japan America Business Initiatives）は、日本の中小企業・ベンチャー企業・起業家のアメリカ進出を支援するために、２０１０年にシリコンバレーで設立された。この会は、次のようなイベントを活発に行い、日本のビジネスの活性化に大いに貢献している。①現地の専門家をゲストスピーカーとして迎え、最新技術や米国社会トレンドなどを毎月発信している。例えば2024年2月「宇宙技術のビジネス応用」、4月「EVワイヤレス充電」、5月「AIビジネス」、6月「プラネタラリー・ヘルス」、7月「米国の運輸部門のクリーン化の動向」であった。また3月には「シリコンバレー・ビジネスコンテスト」を行い、優秀な発表者には賞金を授与して表彰し、若者を元気づけている。②学生・社会人向け研修として、鹿児島大学学生の6日間のシリコンバレー研修を2020年より3回実施した。このプログラムは、講義、メンタリング、企業訪問、ネットワーキング、ビジネスプラン発表を通じて、国際社会における価値観の違いを理解し、国際社会で活躍できるプロフェッショナルなスキルと人格を養成することを目的としている。③海外進出を目指す企業に対して、人材をアサインし、マーケットエントリーを支援する。④リサーチレポート等の出版事業である。

この会の運営は、シリコンバレーに縁のある理事を中心に行い、またイベントは日本人留学生のボランティア・メンバーを中心に行っているが、日本の若い人がアメリカへの留学、就職、起業等を目指す際にネットワーキングできるプラットフォームを目指している。

若い人中心にAI革命

日本の国力の衰退は、政治面からは、縦割り行政のため各省庁をまたぐ必要のある大きなプロジェクトへの予算編成が難しかったり、既得権益との調整が必要で改革が難しかったりするなどの問題がある。また、少子高齢化により国力が衰退した。選挙制度の面でも、若者が選挙にいかず、投票するのは高齢者が多く、

「老人の、老人による、老人のための政治」になってしまった。これでは改革心旺盛な若者の意見や、将来に向けた政策が政治に反映されない。

この点に関して、ソフトバンク元副社長の松本徹三さんは近著『仕事が好きで何が悪い！』（朝日新聞出版）で、奇抜な考えを述べている。それは「０歳児から全員国民に一人２票の投票権を与え、未成年の場合にはその投票権を父親と母親にそれぞれ１票（合計２票）与えて投票してもらう」そうだ。

いずれにせよ、老人より若い人の投票権を増やし彼らの政治に対する影響力を強めることが必要だ。

私は新幹線を頻繁に利用し旅行するが、グリーン車には『ウェッジ』という雑誌がおいてある。この雑誌を読む人は60代以上の会社役員などが多く、その内容はグルメ、温泉の旅や国際政治の記事などである。社会的地位の高い年配者を対象にベンチャーなどの記事をぜひ『ウェッジ』に載せてほしいと編集者にお願いした。年配で地位のある人たちが、自分達のできることをアドバイザーになって若い人たちに話してあげたり、実際に若者が起業し仕事を始めたときに投資してあげたり、コネクションで仕事をつなげて支援することで、社会が元気になるからである。

次に提案したいのは生成ＡＩの活用である

失われた30年の一因は、日本が１９９０年代に始まったインターネット革命に乗り遅れたことだとも考えられるが、今ＡＩ革命が起こる中、日本企業のＡＩ導入が海外、特に米中などに比べて遅れていると感じている。この10年、20年で、ＡＩが社会に浸透し大きく経済が変革されていくなか、また世界に取り残されるのではと危機感を覚える。すべての企業活動、業務にインパクトがあるＡＩを、少子高齢化社会の問題解決にいち早く取り込み、社会の仕組みを変えていくことができれば、日本の経済的衰退にブレーキをかけることができるかもしれない。

例えばＭＯＯＣＳ（Massive Open Online Course, オンラインを通じて海外や遠方の教育機関が提供する講座）やＡＩの学校への導入の可能性はどうか。小学校の先生が全部の科目を教えない。それぞれの科目はＰＣやタブレットでオンラインの先生や、生成ＡＩ（人口知能）を駆使したタブレット教材で、個人個人にあった進み具合で各科目を自分たちで勉強させる。先生は、生徒一人一人について精神的な相談やいろいろと世話をしてあげることに徹してはどうだろうか？　また、生成ＡＩを有能で忠実なアシスタント、アドバイザーとして活用し、いろいろな相談相手になってもらうことも面白いと思う。

日本のエネルギー政策と脱炭素への取り組み

最近、脱炭素化でＥＶ車（電気自動車）が伸びているが、私はWiTricity Japan株式会社の社長として、同社米国本社で開発した「駐車するだけでＥＶに充電できる装置」の普及を担当している。日本におけるＥＶ車の普及に貢献し、再生エネルギーの活用を促進するワイヤレスＶ２Ｇを可能とする技術と製品が、近々ブレイクすることを期待したい。

＊　＊　＊

❖トム岡田さんはシリコンバレーに居住しながら、先述のＪＡＢＩの会長をしながら、最先端のＡＩ技術とりわけＥＶ車の充電技術の改革につき、腰を落ち着ける間もなく世界を駆け回っている。日本の生成ＡＩ化は先進国や一部の国に比べて大きく後れをとっているが、今後トム岡田さんに一層の拍車をかけてこの分野で活動して欲しいものだ。

11　今始まっている未来への対応がこれからの日本の将来を決める

……………石本和治さん

石本和治さんは、阪急百貨店の数寄屋橋店長を務められた後、現在は九州から北海道まで全国を駆け巡っている売れっ子の中小企業診断士である。阪急百貨店のデジタル印刷の子会社を創業され、デジタル技術に精通された方である。大学及び中小企業診断士の私の後輩にあたるが、今回の本の出版も石本さんの示唆によるものであり、人格的にも素晴らしい方である。

今回は、日本の「失われた30年」の復活についての知見をお伺いした。

日本の失われた30年はまだ続くのか？

世界の競争の中で、なぜ日本だけが30年も経済の低迷を続けたのであろうか？　１９７９年頃は、日本がアナログ社会の中で世界一成熟し、経済、科学技術、教育、社会制度など優れた社会を作りだし「ジャパン・アズ・ナンバーワン」と言われた。しかし日本では１９９３年にインターネットの商用化が始まり、ｉモードで１９９９年に参入しデジタル化が始まったが、それが市場では受け入れられず、デジタル競争に遅れをとってしまった。

具体的には、AppleのiPhone、Googleなどの検索エンジンの出現に気付くのが、日本では4～5年は遅く、さらにあっという間にビッグテックと言われるアメリカのＧＡＦＡＭ（Google, Amazon, Facebook, Apple, Microsoft）や中国のＢＡＴＨ（Baidu, Alibaba, Tencent, Huawei）に圧倒されてしまった。その間、日本経済全体をみても、活力の低下は、以下のようにいたるところに表れた。

①２０２４年、２０２５年問題：物流・運送業界における長時間労働などに対する働き方改革、長くデフレ状況が続き、超高齢化、少子化社会、労働力人口の減少が一層輪をかけ、社会保障費の増大や労働力不足からくる２０２５年問題。

②２０３０年、２０４０年問題：進む少子高齢化、人口減少による２０３０年問題、団塊ジュニアが高齢化し医療・福祉人材の不足、社会保障制度の危機が言われる２０４０年問題。

かつて言われた「ジャパン・アズ・ナンバーワン」はあっと言う間に過ぎ去り、唯一元気な自動車産業でさえ、世界のＥＶ車の出現で、日本の製造業は危機に瀕している。日本はさらに失われた40年、50年と、ＧＤＰなどにみられる世界でのポジションを下げていくのであろうか？

日本には失われた30年を取り返すチャンスがある！

現在、ＡＩの急激かつ大きな進歩でイノベーションが起ころうとしている。世間では人間の労働を奪うとか、シンギュラリティ（ＡＩの能力が人間を超える時点）が起こりつつある等、人間の存在にまで大きな影響を及ぼす危機感を未然に防ぐ動きまで見られる。しかし、今だからこそ以下に掲げる4点を実行し、失われた30年を取り返すチャンスがある。

①ＡＩの新たな分野での活用

ＡＩや脱炭素技術をめぐる世界競争は厳しさを増している。ウクライナ・ロシア戦争は、ドローンをはじめいろいろな兵器の使用から新たなロボット兵器の開発など、明日は我が身との思いから、それぞれの国が独自開発による国防戦略を推進してもいる。日本ではこうした国際緊張や少子化、労働力人口減少、社会保障費負担の財政リスク等悪条件の克服は不可能なのであろうか。もしそのままなら日本経済はさらなる失われた40年、50年へと移行し、ＧＤＰの低下は一層進むと考えられる。

欧米ではＡＩへの大きな投資が進められているが、日本独自の投資策による対応や、こうした課題解決への積極的な取り組みこそが極めて重要である。

②ＡＩの広範囲な活用による明るい兆し

明るい兆しとして今、政府をはじめとしてＡＩ活用の重要性に世界の動きと同時に気付いているということである。金額の多寡は別として、ＡＩへの先行投資、ＡＩの積極的な活用、関連設備投資、独自の技術開発と応用、人材育成と人材への投資、それによるイノベーションの発生、世界分断化の中で民主主義国家間の連携強化、協調、中でも環境対策での貢献等日本の強みを活かし、ＡＩを活用した業務の高度化や拡大による経済活動の活性化、収益構造の改善、再投資、好循環の継続、競争力の回復、内需拡大、貿易収支の継続的黒字化、経済を回すことによる国内だけの好循環だけでなく、連携先国に対するこうした改革成果の公開とリーダーシップの発揮が再び経済的にも精神的にも豊かさを呼び戻し、生活への不安感の一掃、ゆとり社会の実現へと結びついていくと考えられる。

③ＡＩ導入による人材活用

ＡＩの適切な導入と将来への対応、新たな人事制度による人材の活かし方の工夫、人材の確保による適切な人材配置、ＡＩ搭載のヒューマノイドやロボットなどとの共存、仕事改革、今起こりつつある大きな変化に適切に対応し、こうした課題解決を行うことで再度世界に範たる社会の構築を行い、一人一人がそうした気持ちを持つことで、再度日本の強みを再認識し、活かしていくことで、今あるチャンスをしっかりと実のあるものとして実現させていく必要がある。

④中小企業のＡＩ活用

日本の中小企業は、今まで日本経済を支えてきたといわれながらも、規模的には中小企業として存在しており、中堅から大企業に進む企業の数は限られてきた。しかし、これからはむしろその技術力を生かしながら、身の丈に合った活動を行うことで、それぞれの産業ジャンルの中でさらにその重要性が増すと考えられる。潜在的に保有されている技術力が、ＡＩやロボットなどの開発と並行して必要となり、繊細な人にしかできない仕事が重宝されることになる。職人技といわれる日本の技術力を発揮するチャンスがむしろ増加すると考えられる。

日本には他国には真似できない強みがある

①ロジスティクスでのＡＩ活用

自動車産業だけでなく、日本の安心安全なモノづくりは鉄道技術などでも世界的にも認識されてきた。日本の技術を模倣した中国は、いま世界でいろいろな問題を起こしている。それだけではなく、トンネルや道路開発などのインフラ整備などにおいても、日本の技術が再認識され、世界のインフラ整備に日本の技術が見直されてきた。

それはものづくりだけでなく、システム化においても同様であり、地元との連携力などその連携方法なども注目されている。

労働力不足の中、ラスト・ワン・マイル競争による物流問題の解決も重要であるが、ただそうしたロジスティクスの問題解決のためのAI活用ではなく、広く物流（必要なものを必要な人に回す、配る、届ける）のためのサプライチェーンの構築、システム開発が求められており、その流れの中でのドローンをはじめヒューマノイド、ロボットの活用、人間との協働等、広くAIなどの活用が求められている。

②日本の歴史・文化を活用したビジネス

第一次産業においては、スマートアグリをはじめ、少子化の中でも効率的効果的でありながら世界に負けない味の追求、品種の多さ等、独自性の発揮、日本の誇る自然と文化、歴史的建造物との連携融合、食文化の浸透などインバウンドによる海外観光客の継続的な誘客等が見込め、さらにはアニメ・漫画、ポップカルチャーなどの独自性のある文化や産業などが相乗効果をもたらし、日本のおもてなし文化、サービス、安心・安全な社会など、世界で見てもそのユニーク性が認められるようになってきた。

併せて、島国という狭い国土、地震などの自然災害も多い中で、それらを克服しながら生活してきた日常の利便性、克服技術や国民の力などが、これからのデジタル技術の発展とともに再認識され、何よりもトイレ文化、おいしい水の提供などにみられる清潔性、環境対策など日本のまじめな取り組み姿勢などが認識され、世界の模範となる時代が来ている。

③民の一人一人が地球の将来を考えた活動

再び日本は、心身ともに豊かな社会の構築に向かうことが可能である。それは何もＧＤＰの競争だけでなく、真の豊かさとは何かを問われる未来の在り方、人間の生き方につながる社会の実現であり、今日本が一番その強みを発揮できる立場になってきたこと、範を示す時が来ているのである。

失われた何十年といわれる中で、見失いがちな日本の強みを再認識し、国内だけでなく世界的な社会貢献など開かれた窓をしっかり開け、新たな時代の役割を果たしていきたいものである。

国は、今、ＳＯＣＩＥＴＹ５・０として「サイバー空間とフィジカル（現実）空間を高度に融合させたシステムにより、経済発展と社会的課題の解決を両立」させ「人間中心社会」の実現を目指している。それは「スマートシティ」構想にもつながっている。何も都会における利便性のみを追求したものではなく、「スマート・タウン」「スマート・ヴィレッジ」構想でも良いわけで、日本全体を地球の中での地政学的な見方だけでなく、人類の未来を見据えた生活の在り方として見直し、人として生きる価値の提案を未来に向けて発信し、「平和」とは何かを再考する機会を世界に向け提案する責務を果たしたいものである。

小生の大先輩である釣島さんが語る「サクラジャパン」として、日本人はサクラを愛でる国民だが、代表的に日本を表現した春の桜だけが日本の象徴ではなく、日本には誇るべき季節により変化する素晴らしい環境や伝統、文化、産業がある。例え四季が見られなくても、世界のどの国にもその国独自の環境が存在し、歴史や文化がある。それらの中から良さを失うことなく生かしていくことが今、日本の役割として世界で求められているのではないだろうか。

＊　＊　＊

❖石本さんは、中小企業の経営改革を主にマーケティングの立場からその伝道師として、日本中を駆け回っている。多くの中小企業は石本さんの指導で変革され、業績が大きく回復している。現在の日本にとって大事なのは、大企業だけでなく国の経済を下支えする中小企業であり、石本さんに一層頑張って欲しい。

12　日本におけるＡＩ活用の方向性……………仲川幾夫さん

仲川幾夫さんは、26年間のコニカミノルタの駐在員時代に、欧州、米国、中国の現地法人の社長として活躍してこられた。グローバルな観点から長年会社経営に携わるという稀有の経験をされている。帰国後は日本本社の常務執行役ＣＩＯの重責を務められた。現在は、ＪＥＴＲＯのパートナー、関西学院大学非常勤講師、関西ベンチャー学会理事、中小企業診断士などとして活躍されている。

今回は、世界のＡＩ業界の進展の中で、日本はどう関わるかについてお伺いした。

最近のＩＴ業界の変化

今までアメリカのビッグテックと言えばＧＡＦＡＭ（Google, Amazon, Facebook, Apple, Microsoft）が君臨してきた。しかし、次に来るテクノロジー企業は、最近、「ＡＩの顔」と言われるOpen AIをいれたＧＯＭＡ（Google, Open AI, Microsoft, Anthropic〈AmazonとGoogleが出資〉）へと、さらにＭＡＴＡＮＡ（Microsoft, Apple, Tesla, Alphabet(Google), NVIDIA, Amazon）への変化が注目されている。

その中でもＮＶＩＤＩＡが成長著しい。生成ＡＩの技術をサポートするＧＰＵ（Graphic Processing Unit, 画像処理装置）に使われる半導体分野では、インテルを抜いてトップに立った企業だ。2021年にNVIDIAがGTC（国内最大のICT展示）に参加したが、もともとの得意分野であったゲームやエンターテインメント中心の用途から、自動運転車載用途など多岐の分野に使用され、GPUでも高速の対話型AIフレームワークでも実績を上げている（出典：https://www.itmedia.co.jp/news/articles/2104/13/news075.html：2024年7月29日）。

さらに2024年3月のGTCでは、NVIDIA CEOのジェースン・ファンが「LIM（大規模言語モデル）は半年で2倍の処理速度となった」と述べていた。過去、PCの全盛期に言われていたムーアの法則（半導体の進歩の度合）では5年で10倍、10年で100倍の処理速度に対して、NVIDIAは過去8年で1000倍も達成した。それを応用する分野として、今回は、より産業に即したDigital Twin（データを双子のように再現する技術）やRobotics（ロボット）などの他、気候変動の予測、ヘルスケア、EV車の自動運転などの使用が期待されている。

またジェースン・ファンは、日本の言語や文化の特殊性を考慮して、「日本は自らAI（人工知能）を作るべきだ」と有益なコメントをしてくれた。その理由として「第三者にデータ収集を許し、AIを輸入する道理はない」と説明した。同氏はまた、AI活用が「国家の生産性向上の最善策だ」とも強調した（出典：時事通信社）。

日本におけるAI活用の方向性を考える上でのヒント

それでは、日本は今後どのようにＡＩを活用すればよいのだろうか。２０１７年に世界で初めてＡＩ担当大臣を設置したＵＡＥ（アラブ首長国連邦）の取組みを見てみたい。オマル・スルタン・アルオラマ大臣は、以下の３つの取組みを紹介している。

①ＡＩ政策を推進するためには、技術システムや運用、さらには様々な影響についても政府の人間がよく知らなければならない。そのため政府官僚１００人をオックスフォード大学に留学させてＡＩに関する教育を受けさせた。

②若手がＡＩ技術を使いこなせるような教育が重要である。そのため、５０００人の学生を対象としたＡＩキャンプを実施した。

③若手に対する教育として、大学にＡＩ学部課程を設置した。

また、同大臣はＡＩ技術への規制について、「テクノロジーの統制を試みるのではなく、使用事例を統制するべきである」と述べている。

日本では、２０２３年5月にＡＩ戦略会議（座長・松尾豊東京大学教授）が発足し、日本が議長国を務めた広島Ｇ７で、ＡＩプロセスのＧ7デジタル・技術閣僚声明（２０２３年12月１日）が発表された。そして、「全てのＡＩ関係者向けの広島プロセス国際指針」が発表され、同時にＡＩ事業者ガイドライン案が示された上で、意見集約が行われた。松尾教授は、２０２３年5月１日に発表されたＪＤＬＡ（日本ディープラーニング協会。理事長・松尾教授）の「生成ＡＩの利用ガイドライン初版」の記者会見で、「（日本の法規制の緩さが）競争で有利に働く可能性はある」と話していた。

今後は、生成ＡＩを如何に応用していくかが、ますます重要となってくる。生成ＡＩは、ＬＩＭ（大規模言語モデル）だけでなく、画像生成、動画生成やプログラミングなどを通じて、あらたな事業価値（例：顧客体験の向上など）、組織の生産性の向上、組織のスピードアップによる競争力の向上をもたらすことになる。

２０１３年にオックスフォード大学のマイケル・オズボーン教授が「雇用の未来」という論文を発表し「米国人の仕事の47％はＡＩ（人工知能）やロボットに代替可能だ」と主張した。さらに彼は２０２３年12月のSalesforce World Tour Tokyo2023（SFTT2023）の講演（以下、参照リンク）において、次のように語っている。

「日本の生成ＡＩに関するアドバンテージとしては、文化が豊富である点であり、アニメに限らず、３Ｄアートやゲームにも強いため、ＡＩをクリエイティブに活用できる人が多い。日本は比較的ＡＩに対して、受け入れる傾向があるため、日本でのニーズを測ることで、より信頼性の高いＡＩの開発につながるのではないか。ＤＸ（デジタル技術の使用）に関しては遅れが目立つため、この機会にＡＩを活用したＤＸに取り組めば、推進するきっかけになるかもしれない」。

ＳＦＴＴ２０２３では、他の登壇者も「生成ＡＩの活用には規制や倫理観の導入が必要だが、そのための仕組みを上手く構築すれば、日本にＡＩ関連の人材の集積地にする可能性もある」という話をされていた（https://crm.adxc.co.jp/column/swtt2023_lecture_report04/：２０２４年7月29日）。

日本におけるＡＩ活用の方向性は？

以上に述べたようなジェースン・ファンの発言、先進的なＵＡＥの取り組み、ＡＩ戦略会議での議論内容やＳＦＴＴ２０２３での議論を参考にしてみると、日本におけるＡＩ活用については、以下のような方向性が考えらえるのではないか。

①ＡＩ産業の集積地を目指す

・リスキリング（企業の再教育）によるＡＩ人材育成（日本およびグローバルサウス）を円安も追い風にして促進する。

・海外のＡＩスタートアップの招聘（オープンな環境と人材）。

・エンタメ業界（ゲーム・アニメ）のクリエーター人材を活用し育成する。

・情報通信研究機構保有のＡＩ学習用日本語データの活用と国産生成ＡＩ（東大松尾研発ＡＩスタートアップELYZA、米グーグル出身者らが設立した「サカナＡＩ」など）を育成する。

②ＡＩ活用による生産性の向上と国際競争力の強化を図る

・ＡＩ導入の促進による中堅・中小企業の生産性向上（中小企業支援政策の集中）

・日本の得意分野の産業データの活用とＡＩの利用促進、ノウハウの蓄積（製造業、医療、金融、素材、ロボット、モビリティ、エンタメなど）

生成ＡＩは、過去の学習データからの回答をもたらすので、その範囲では完璧に近づいていくものの、チャレンジする部分とクリエイティビティについては近い将来も人間の優位性が保たれるのではないか？　日本の得意分野である製造業の暗黙知やエンタメ（アニメ・ゲーム）のクリエイティビティを上手く活用し、Ａ

Ｉの分野でリードしていくチャンスは多く存在しているものと考えている。

＊　＊　＊

❖仲川さんは、大企業の最高のエクゼクティブとして海外で26年間も活躍されてきた。このような素晴らしい業績を上げられた方でも、退職されるとほとんど悠々自適の生活を送っているが、昨今の日本の経済の状況から見て大きな損失であると思う。しかし仲川さんは勉強熱心で、退職後、関西学院大学の大学院を卒業して、その知識も生かしＪＥＴＲＯのパートナーや中小企業診断士として、主に中小企業の経営指導にあたっている。さらに関西学院大学の非常勤講師として後進の育成に熱心に取り組んでいる。今後も日本の中小企業の国際化のために一層頑張って欲しい。

13　地域創生への試み……福嶋幸太郎さん

福嶋幸太郎さんは、現在大阪経済大学教授として、主にアカウンティング関係の科目で教鞭をとっておられる。京大で経済学博士号を取得され、ご著書で新日本法規財団第９回奨励賞を受賞されている。以前は大阪ガスファイナンス社長として大変活躍されていた。関西ベンチャー学会で長年一緒に役員を務めてきたが、その人格及び学識にいつも一目をおいてきた方である。

今回は、日本の地方の活性化の事例についてうかがった。

21世紀の日本の大問題、地方経済衰退

２０２０年の日本の国土面積は37万８０００㎢、総人口は1億２６００万人である。そして、東京都・神奈川県・埼玉県・千葉県の首都圏は、面積では３・６％に過ぎないが、総人口は29・３％を占めている。世界の大都市でも類を見ない極端に高い集積度となっている。

その結果、地方の総人口は減少し、地方経済は衰退し、様々な社会問題を抱えることになった。①地方都市では、生活関連サービスの縮小や行政サービスの廃止・有料化、少子高齢化で中小企業の廃業が増え、地域経済の疲弊が見られる。②少子高齢化による労働力不足、中小企業経営者の後継者不足は首都圏以上に深

刻度が大きい。③良質な職場の減少、生活インフラでもある商店やスーパーの廃業、生活や所得水準の低下などの課題が全国の地方都市で発生している。

兵庫県には但馬・丹波・播磨・摂津・淡路の旧5国があるが、但馬（豊岡市・養父市・朝来市・香美町・新温泉町）も例外ではなく，2000年からの20年間で総人口は21％減少し、生産年齢人口は31％も減少した。但馬は兵庫県の面積の25％を占めるが、総人口はわずか2・9％でしかない。但馬のサービス業は21％の消費者需要を喪失し、全産業で人手不足が顕在化している。

これを放置すれば、全国チェーンのサービス業の撤退や中小零細事業の廃業が加速し、負のスパイラルが起こる。全国で見られる地域経済衰退の典型である但馬地域の社会人に、ビジネスに係わる研修を受講してもらい、その意識を改革し、労働生産性を上げようとした事例を紹介したい。

芸術文化観光専門職大学（豊岡市）の開学

但馬の経済衰退を抑え、地域の発展を推進するために、但馬の中心である豊岡市に2021年、兵庫県が巨費を投じて公立大学の芸術文化観光専門職大学を開学した。この大学の理念（基本目標）は、「舞台芸術の学修で得た能力を基礎にして、地域と協働し、多彩な地域資源を生かし、芸術文化を通じた新たな価値を想像できる専門職人材を育成するとともに、イノベーションで地域課題を解決するプラットフォーム機能を発揮し、地域の発展と繁栄、ひいては国際社会の形成に貢献する大学を目指す」ものであった。

大学開学と同時に、私は経営学・会計学担当の教授として赴任した。大学の理念である「地域の発展と繁栄」を何とか実現すべく地域に貢献するものであった。しかし、この大学の入学定員は80人で、全学の収容定員も３２０人の小規模大学である。そして、芸術文化専攻の大学であるため、芸術文化面では地域に貢献できるが、地域経済の活性化にはやや弱い面がある。そこで、衰退している地域経済の活性化に何とか貢献することを目指した。

但馬ストークアカデミーの開講

豊岡の主要産業と言えば、日本一の生産地として知られているカバンである。しかし、豊岡市の年間就業者平均所得は約３８０万円（兵庫県平均５１３万円、全国平均５２２万円）と低く、優秀な若者は地域外に出て就職してしまう。そこで、但馬の労働生産性を上げて、優秀な若者たちに地域に定着してもらう必要がある。

一方で、高齢者・女性・外国人労働力を活用して、労働の質を向上させる必要もあった。そこで福嶋さんは、学校での学びを終えて社会に出た後も、それぞれ必要なタイミングで学び続けるリカレント教育という社会人教育を実施し、労働の質の向上に貢献するものであった。

リカレント教育は都市部で実施され、地方で実施される例はほとんどない。しかし、実は経済が疲弊する地方の方がより切実である。ちなみに、福嶋さんは、リカレント教育の名前に但馬の象徴である「コウノトリ」（英語：stork）からとって、「ストークアカデミー」と名付け多くの社会人に注目してもらうことにした。

そこで但馬の主要30社の経営者を訪問し、そこで働く従業員のために、但馬ストークアカデミーの必要性を訴え、研修への参加協力を依頼した。すると、城崎温泉の老舗旅館経営者や地元金融機関など、多くの経営者から賛同が得られ、多数の受講者を確保できた。

受講者数は、延べ215人（出席率98％）と、受講意欲は非常に高かった。10人の講師で経営、マーケティング、人材管理、財務管理などの10科目の講座を開講した。受講後の調査では、満足度94％、次年度参加希望率は96％と好評であった。

受講者からは、「社内で感じていた課題を論理的に考えられた」「組織を今後どのように変革すべきかヒントを得た」などのコメントをもらった。ささやかな試みとは言え、但馬の前途ある若者たちを元気づけ、学習や労働意欲を喚起し、但馬の経済回復に少なからず寄与することができたと思う。

＊　＊　＊　＊

❖東京への一局集中が益々進み、地方は人口減少し、経済も疲弊してきた。日本全体の国力を向上させるためには、地方の創生は喫緊の課題である。福嶋さんは、但馬を離れても上述の試みをまだ続けておられる。このような試みが日本全体に広がることを期待したい。

14　これからの日本の農業は生き残れるのか

浅野禎彦さん

浅野禎彦さんは、大手の監査法人のKPMGあずさ監査法人のパートナーとして、エネルギー企業や大手鉄道会社などの大企業の監査を担当する一方で、ベンチャー企業などのIPO（市場上場）支援を担当してきたベテラン公認会計士である。現在はKPMGを退社して、遅れている日本の農業活性化を含めて、財務関係のコンサルタントとして活躍されている。また関西ベンチャー学会副会長としてベンチャー企業の研究や支援にも携わっている。学会を通じての知り合いであり、最近の日本農業の動向についてお伺いいした。

大手会計事務所パートナーから農業支援コンサルに

大手会計事務所パートナーを務めていた時、京大の木谷哲夫教授の全学生向けの起業家研修にメンターとして参加した。

この研修で感銘したことは、参加した学生のレベルが高く、真剣に起業を模索している学生が多いのに驚いた。それと小林喜光監修、経済同友会著『危機感なき茹でガエル日本』（中央公論新社）を読み、感銘を受けた。このままではいけないと思い、大手監査法人を退職し個人事務所を設立、「過去の延長線上に未来はない」を信じて社会課題の解決に取り込むことにした。

社会課題といっても日本の農業は危機に瀕しており、日本の食料自給率の確保のためにも農業問題の解決に取り組んでみようと思った。

手始めの仕事として、ウクライナ戦争で日本に避難しているウクライナの若者を支援しようと思った。彼らは日本語学校で3年間日本語を勉強し、日本人と変わらないほど日本語をマスターし、他に英語やロシア語も勉強しており、その語学力には舌を巻いたものだ。

留学中の生活費は日本財団などの援助で賄われたが、学校を卒業すると支援はストップされた。そこで彼らの就職の支援を頼まれたが、都会よりも農業の仕事も含め田舎が良いと考えた。彼らを奈良県の経済団体に引率して就職の斡旋をお願いした。彼らは戦争が終われば帰国して母国の復興に関わりたいと言っているのが気になるが、これを承知の上で採用してくれる企業が現れることを期待したい。

25年ぶりの日本の農業基本法の改正

食料・農業・農村基本法が25年ぶりに改正された。その基本骨子は次のとおりである。

①食料安全保障の強化

日本の食料自給率はカロリーベースで38%だが、もし台湾有事等の危機があると、世界からの食料輸入が脅かされ、日本の食料の確保が難しくなる。そこで、好きなものを好きなだけ作る今までの方針を変更し、食料安全保障を強化する。

②スマート農業

本格的な人口減少に対応した施策の強化だが、一例としてあぐり～ど玉野の高井淳匡さんが実施している方式がある。⑴田植えは田んぼに入らずドローンで行う。この方式だと1ヘクタールの種まきは15分で行える大きなイノベーションとなる。⑵農薬はまかずに種に農薬を付ける方式で、自動冠水装置で水をいれる。⑶水を抜くとそのまま置いておく乾田方式である。⑷次に生えてきた稲を背の高い状態で7月に米を一回収穫し、そのままの稲を伸ばし、９月にもう一度収穫できる二期作である。

このように、今までと全く違う方式でコメの収量が増える。「過去の延長線上に未来はない」を実践したプロジェクトである。大規模にＡＩ化されたアメリカの農業には土地面積の制限その他で収穫量はとても及ばないが、若い人達が日本流のやり方ノウハウを組み立てていき、農業にもベンチャー企業を生むことを期待したい。

③農林水産物・食品の輸出促進

国内生産基盤の維持にも資するものとして新たに位置付ける。

④農林水産業のグリーン化

環境と調和の取れた食糧システムの確立を政策の柱に位置付ける。

以上が改正の骨子で、日本の農業を時代に対応してこれから変革していくことを期待したい。

食育と子供達の農業体験支援

都会に農地を残すことは、災害の時に避難所にしたり仮設住宅を作ったりするためにも必要である。しかし、最近農地は減少している。また子供達に少しでも農業に触れる機会を与えたいものだ。たまたま小学校の横に少し農地が残っており、学校の先生と一緒に3年生の児童に、土に触れ里芋を育てる作業に関わってきた。

この授業は、まず苗を植えてから、芋の蔓を返し、どれくらい成長したかを観察し、最後に芋を掘る。先生と相談しながら、芋がどう成長し、最後に完成するか記録するものであった。教科書で覚えるのでなく、子供たちが実際に農業体験することが現在の日本の子供たちには必要である。一方、兵庫県での食育促進プロジェクトがある。それに12～13の学校が参加した。自分達で窯を使ってご飯を炊き、それをおいしく食べる体験であった。これは子供達がお手伝いでなく、自分の家でもご飯を炊けるようにする練習で、子供たちが自立するための体験学習でもあった。

現代の子供たちは過保護ですべて他人にやってもらい成長するが、一昔前の日本では子供は家の手伝いをしながら一家を支えてきたことを忘れないようにしたい。これは今後の日本の未来を担う若者に必要である。

＊　＊　＊

❖日本の農業は内向きで、日本国内だけの市場が対象で、人口が減少し、日本人の米の重要が減り、減反政策が実施されるなど、日本の農業自体が負のスパイラルに陥っていたように思う。しかし大きく国家戦略から見ると日本の食品自給率が38％（カロリーベース）しかなく、これを改善するためには日本の農業を根本的に見直し、工業生産のようにＡＩ技術などを導入して生産性を上げる必要がある。一方で、日本の農産品も一部世界に輸出できるものも見られてきたが、この動きを加速する必要がある。

このような時に、浅野さんのような有能な方がこの分野のコンサルタントを始めたことは意義深く、これからの活躍を期待したい。

15　日本の人口減少とアジアにおける日本の地位の低下

辻田純一さん

辻田純一さんは、アメリカで日本企業駐在員を経て、アメリカ財務省印刷局などのSecurity Printingのコンサルタントなどを経験され、独立された方である。在米48年のベテランであるが、１９９２年に日系企業の環境問題勉強会を私と一緒に立ち上げた。この会はＮＹ　ＪＥＴＲＯの後援を得て、現在も「法規制勉強会」として2カ月に１回開催している。２０２４年7月現在、約30年間継続していることになる。

辻田さんとは、私のアメリカ時代からの数十年の付き合いだが、公私に渡り大変お世話になっている。最近のアメリカから見た日本を取り巻く国際情勢などについてお話をお伺いした。

経済と関係する人口減少を防止するには

失われた30年と言われ、近年日本の経済の凋落が著しいが、その原因と現在の日本の立場や将来の展望について述べてみたい。

近年の日本の経済の凋落の原因の一つは人口減少である。それは昨今の日本の少子化によるが、２００８年には１億２８０８万人だった人口が、２０２３年には１億２４３５万人に減少している。国全体の経済は

ＧＤＰ（国内総生産）で示されるが、一人当たりのＧＤＰに人口を乗じたものが国全体の経済指数である。日本のように人口減少すると経済が停滞するが、その原因はいろいろ言われている。晩婚現象、並びにその背景にある女性の社会進出が原因とも考えられる。

女性が社会進出した時に、それをサポートする仕組みを充実する必要がある。特に結婚、出産、教育に携わりながら、子育てがしやすい環境を創出することである。

少子化、特に一人っ子の男性が結婚したがらない現象が近年多くみられる。多くの場合、その原因が過保護や厳しすぎる母親に起因しており、もっと母親も含め結婚を奨励していく必要がある。

過去を背負った日本の置かれる立場

日本が、なぜ誤って勝ち目のない戦争に突入し、それが世界からどのようにみられているのか、これを日本人一人一人が理解していかないと今後の発展は難しいと思われる。そのためには、歴史をよく学び、なぜ第二次世界大戦の侵略戦争を起こし、なぜ敗戦国になってしまったのか。また第二次世界大戦の惨禍を反省し、国際平和及び安全を維持するために国連ができたこと。また日本、ドイツ、イタリアなど敗戦国が常任理事国になれない理由を理解することによって、今後の日本が世界に認められ、発展していく鍵が見つけられると思われる。

アジアの中の日本の地位低下

日本はアジアの中にありながら、アジア各国との親交は深くない。先に述べた第二次世界大戦が、そうさせてしまった感がある。日本は、アジアの中の日本を自覚して、他のアジア国との親交を深めていく必要がある。そのためには、民間外交にもっと力を入れて、お互いの理解を深めていく必要があると言ってもよい。日本経済絶頂期の1994年。世界全体のGDPでは、中国が2％、インドは1％、その他アジア諸国が3％、日本を除くアジア全体でも6％にすぎなかったが、日本は17・8％を占めていた。しかし2023年には、日本が4％まで減少し、中国17％、インド3％で、日本を除くアジア全体で24％にまで発展している。

上述したことは、その解決、達成には時間がかかるとみられるが、若い人たちが語学以外に学ぶことができる教育も含め、考えていく必要があり、政府並びに地方自治体などが力を入れていくことが不可欠ではないか？

＊　＊　＊　＊

❖長く日本に住んでいると、どうしても日本本位の考えから世界を見てしまう。辻田さんのように長くアメリカに居住されていると、日本の先の大戦などでアジア地域に与えた影響や、最近の日本の地位低下などが客観的にみることができ、私も啓発された。

あとがき

最近の世界の情勢をみると、世界中の国々が協調しながら、ヒト、モノ、カネが国境を越え、流通してきたグローバル時代は終わりつつあるのではないか。

ウクライナやガザの戦争に始まり、欧州、アメリカ、アジアにおいても国家が分断され、自国ファーストになりつつある。アメリカではMAGA（メイク・アメリカ・グレイト・アゲイン）、欧州ではMEGA（メイク・ヨーロッパ・グレイト・アゲイン）と、それぞれの国の復活を叫んでいる。

私は2022年に『サクラジャパン復活への道』（芙蓉書房出版）を上梓したが、その時に比べて日本は復活するどころか、ますます国力が低下したように思える。アメリカや欧州よりもむしろ日本自体がMJGA（メイク・ジャパン・グレイト・アゲイン）と大きく叫ばなければならないと痛感して、この本を書いてみた。

その日本の復活に関しては、まず元になる教育改革から始め、後れをとっている生成AIや半導体などの先端産業は、コバンザメのように先進国に寄り添いながら、日本のビジネスモデルとして誇る「原石を十分に使いこなし、包み込み、磨き上げ、和魂洋才という隠し味を加え、精緻でエレガントに宝石に磨きあげる」モノづくりの特技を発揮すること。そして、直球による先端産業でなく、変化球によるアニメ、ゲームなどのエンタテインメントビジネス、日本流のもてなしとコト消費による観光ビジネス、おいしい日本食ビジネス、人の繋がりを大事にする人縁の総合商社、日本流に磨かれたコンビニのような、近年その成長の著しい日本文化を基盤としたビジネスこそより重要である。

すなわち、日本の文化や日本の心をこれから世界に発信することで、日本の未来が開けると信じる。

本書は私の10冊目の本になるが、私のような平凡なサラリーマンで無能、無才の人が10冊も本を上梓できるなど、人智を越えた「ご縁」の賜物であると思う。今回の出版に関しては、考えられないほどの日米の見識のある方に取材させて頂いた。皆さんが大変熱意を持って応じて頂き、心から感謝している。

また本の校正や貴重なアドバイスを畏友の仲川幾夫さん、石本和治さん、高畑進一さんから頂戴し、有難く思っている。

出版をお受け頂いた芙蓉書房出版の奥村侑生市社長、平澤公裕前社長、そして勤務先の太成学院大学の足立裕亮学長の学恩には心からお礼申し上げたい。

最後に。昭和の名僧中川宋渕《そうえん》老師の俳句で「蒼空《あおぞら》や我が願《がん》尽きず秋尽きず」というのがある。私の願《がん》は「世界の平和と日本の未来を切り拓く」という「熱い想い」であるが、この願いが少しでも達成されることを願ってやまない。

２０２４年10月

２０２５年関西万博が開催される大阪中心部の中央区、内淡路町の寓居にて

釣島平三郎

参考文献

『21世紀未来図、日本再生の構想』寺島実郎（岩波書店）
『日本再生の基軸』寺島実郎（岩波書店）
『寺島実郎の時代認識』２０２４年初夏号（寺島文庫）
『アメリカ最強のエリート教育』釣島平三郎（講談社）
『日本学力回復の方程式』釣島平三郎（ミネルヴァ書房）
『人を幸せにするニューグローバル経営』釣島平三郎（コスモ教育出版）
『人と人をつなぐグローバル経営』釣島平三郎（コスモ教育出版）
『サクラジャパン復活への道』釣島平三郎（芙蓉書房出版）

著　者

釣島　平三郎（つるしま　へいざぶろう）
太成学院大学客員教授（元経営学部長）。
1942年兵庫県に生まれる。慶應義塾大学商学部卒業。中小企業診断士。ミノルタでの17年間アメリカ駐在期間中、ニューヨーク州での現地生産会社及びシリコンバレーでのソフト開発会社の立ち上げ責任者として14年間経営に当たる。その間、ニューヨーク州立大学財団理事、北加日本商工会議所理事などを歴任。現在、小森記念財団評議員、関西ベンチャー学会常任理事。また、グローバル経営学会理事、日本生産管理学会理事を務めた。大阪府産業功労賞を受賞。著書に、『サクラジャパン復活への道』（芙蓉書房出版）、『日本が誇る「ご縁」文化』（芙蓉書房出版）、『アメリカ人は理解できない「ご縁」という日本の最強ビジネス法則』（講談社+α新書）、『アメリカ最強のエリート教育』（講談社+α新書）、『日本学力回復の方程式』（ミネルヴァ書房）、『人と人をつなぐグローバル経営』（コスモ教育出版）などがある。

日本の未来を切り拓く25の処方箋

――心と文化が導くグローバルリーダーへの道――

2024年 12月25日　第１刷発行

著 者

釣島《つるしま》平三郎《へいざぶろう》

発行所

㈱芙蓉書房出版

（代表 奥村侑生市）

〒162-0805東京都新宿区矢来町113-1

神楽坂升本ビル４階

TEL 03-5579-8295　FAX 03-5579-8786

https://www.fuyoshobo.co.jp

印刷・製本／モリモト印刷

ISBN978-4-8295-0891-6 C0034

【芙蓉書房出版の本】

日本が誇る「ご縁」文化

不思議な出会いがビジネスと生き方を変えた
釣島平三郎著　本体 2,000 円

不思議な「ご縁」がきっかけになって仕事や人生が大きく変わった。そんなエピソードがぎっしり詰まった一冊。欧米人には理解できない日本独特の世界はどのようにつくられていったのか。50 人以上のインタビュー。

▼阪神・淡路大震災でビル倒壊を免れた今西建設・今西恭晟さん
▼「先義後利」の商人道を守り続けた京都の老舗「半兵衛麩」
▼初めて宇宙を飛んだ国産カメラミノルタの田嶋一雄さん
▼日本のご縁文化の価値を知っているノーベル賞大村智さん
▼アメリカに日本食を広めた共同貿易・金井紀年さんのご縁
▼ユダヤ人を救った外交官杉原千畝が紡いだご縁
▼満州帰りの闇屋から復活しご縁の不思議を経験した森繁久彌さん
▼大病を克服し実業家から住職へ転身した井本全海流ご縁の繁盛学
▼悪縁も良縁も包み込みルイボスティーに辿り着いた植松規浩さん
▼三度も死にかけて立ち直った商工会議所会頭永木康司さんの人生
▼坐禅で開眼しＶ９を達成した川上哲治巨人軍監督と老師とのご縁
▼檀家制度廃止で新しいご縁を築いた寺院改革の旗手橋本英樹さん
▼うつ病を克服して、ベストセラー作家になった楠木新さんのご縁
▼ご縁と経営の神様松下幸之助さん
▼寿司職人からスタンフォード大学研究員になった田舞徳太郎さん
▼「ご縁」を社名に取り入れたエン・ジャパン社の越智通勝さん
▼見返りを求めずピラミッドを修復した八木通商・八木雄三さん
▼ご縁でご円か？　ご円でご縁か？　ビル・ゲイツと孫正義
▼稲盛和夫さんの盛和塾の繁栄のご縁
▼釜ヶ崎あいりん地区の住民を支援するありむら潜さん
▼三和清明さんと寝屋川あいの会
▼9.11 事件の犠牲者久下季哉さんの死後もつながるご縁
▼志半ばにして旅立った社会起業家・森綾子さん
▼パラオの戦死者の供養を 30 年続ける玉置半兵衛さん
▼ご縁のメカニズムを説明する鞍馬寺の羅網　…………

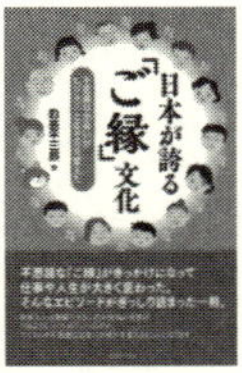